MURILO MORENO

# FORA DO AUTOMÁTICO

**Miniprovocações sobre Marketing e comportamento do consumidor.**

Prefácio de **José Salibi Neto**

Editora **Labrador**

Copyright © 2022 de Murilo Moreno
Todos os direitos desta edição reservados à Editora Labrador.

*Coordenação editorial*
Pamela Oliveira

*Capa*
Fernando Degrossi

*Assistência editorial*
Leticia Oliveira

*Preparação de texto*
Laila Guilherme

*Projeto gráfico e diagramação*
Amanda Chagas

*Revisão*
Daniela Georgeto

Dados Internacionais de Catalogação na Publicação (CIP)
Jéssica de Oliveira Molinari – CRB-8/9852

---

Moreno, Murilo
  Fora do automático : miniprovocações sobre marketing e comportamento do consumidor / Murilo Moreno. – São Paulo : Labrador, 2022.
  192 p.

ISBN 978-65-5625-258-2

1. Marketing 2. Negócios 3. Comportamento do consumidor I. Título

22-3401                                                          CDD 658.8

---

Índice para catálogo sistemático:
1. Marketing

**EDITORA Labrador**

**Editora Labrador**
Diretor editorial: Daniel Pinsky
Rua Dr. José Elias, 520 – Alto da Lapa
05083-030 – São Paulo – SP
+55 (11) 3641-7446
contato@editoralabrador.com.br
www.editoralabrador.com.br
facebook.com/editoralabrador
instagram.com/editoralabrador

A reprodução de qualquer parte desta obra é ilegal e configura uma apropriação indevida dos direitos intelectuais e patrimoniais do autor. A Editora não é responsável pelo conteúdo deste livro.
O autor conhece os fatos narrados, pelos quais é responsável, assim como se responsabiliza pelos juízos emitidos.

À Bella, que me lembra todo dia que
é preciso viver plenamente.

Aos meus filhos, Daniela, Rafael, Felipe e Estela,
que me lembram que a vida continua.

À Vida, que sempre vale ser vivida.

# SUMÁRIO

**Prefácio** — 11
**Introdução** — 13
Sai a internet, entra a família — 15
Quando foi que a Nestlé e a Lacta se fundiram? — 15
Com esse preço, esta bicicleta deve até falar — 16
O ladrão rouba, mas é você quem precisa provar que é honesto — 17
São José dos Campos, uma cidade de primeiro mundo — 18
Quando a empresa expulsa o cliente pela portas do fundo — 18
Fidelidade é quantidade ou qualidade? — 19
As leis do trabalho morreram. Longa vida às Leis! — 20
Por que é tão difícil rasgar um mapa mental? — 21
Olhar e não enxergar — 22
O maior erro dos gerentes recém-promovidos — 23
O segundo maior erro dos gerentes recém-promovidos — 24
Carro no Brasil é realmente caro? — 25
Com quantos Big Macs se faz um carro no Brasil — 25
Escova de dentes pode ser sustentável? — 26
Não sei se caso ou se compro um caminhão — 27
Como dar aula de planejamento no meio da pandemia — 28
Racismo e mudança de marca — 29
O carnaval mais triste do Brasil — 30
Uber, táxi e a sabedoria baiana — 31
O melhor vendedor do mundo — 31
O segundo melhor vendedor do mundo — 32
Estamos perdendo a corrida pela exportação — 33
Sem gelo, nem laranja, e sem ser diet — 34
Descobri o sentido da vida — 35
Quando a tecnologia toda falha — 36
De volta para o futuro — 37
O mundo todo é uma prisão — 38
Mais uma montadora que troca de marca — 38
Racionais irracionais — 39

| | |
|---|---|
| Hitler não conheceu a internet | 40 |
| E se a quarentena não terminar? | 41 |
| Bactérias e amigos | 42 |
| O sapo e o politicamente correto | 43 |
| Tênis para colecionar | 43 |
| Treine seu time antes que seja tarde | 44 |
| Engravidar pelo ouvido | 45 |
| Briga de irmãos: BK provocando de novo.... | 46 |
| Sentindo-se um rato | 47 |
| Onde foram parar as pilhas mesmo? | 48 |
| Silvio Santos *versus* Globo: o início de tudo | 49 |
| *Bye-bye* Walmart | 49 |
| Furando fila na quarentena | 50 |
| Começar de novo | 51 |
| Alguma coisa acontece no meu coração | 52 |
| Voltswagen | 53 |
| Volks e o 1º de abril | 54 |
| As novas mascotes tecnológicas | 54 |
| Otimistas ou pessimistas? | 55 |
| Mais uma mascote virtual no pedaço | 56 |
| A César o que é de César | 57 |
| Pense antes de cancelar seu próximo pedido | 58 |
| Cada vez mais estranhos | 59 |
| Um carro pelo preço de uma moto | 60 |
| O tempo não para | 60 |
| Nunca mais você vai compartilhar sua senha | 61 |
| Vivendo no limite | 62 |
| Um mundo sem plástico não existe | 63 |
| Você já está preparade para o futuro? | 64 |
| Nem eu me reconheço mais | 65 |
| A nova geração de Youtubers | 66 |
| Amazon vai entrar na sua casa sem nem bater na porta | 66 |
| Ouvir e não entender | 67 |
| Estratégia é saber o que não vai acontecer | 68 |

| | |
|---|---|
| Sustentabilidade e marketing | 69 |
| O verdadeiro vendedor tem só um foco | 70 |
| A maior empresa do mundo já não é tão grande assim | 71 |
| A surpresa do BBB foi não ter surpresa | 71 |
| Quando o mundo não faz mais sentido | 72 |
| Ana Maria Braga, né? | 73 |
| Vem aí a nova líder de carros elétricos | 74 |
| Fim da raça humana? | 75 |
| A corrida de Elon Musk para dominar a internet | 76 |
| Nubank de cara nova | 76 |
| PagueMenos comprou Extrafarma. Não era para pagar menos? | 77 |
| Google Offline. Em breve no shopping mais perto de você | 78 |
| Juliette, Gil e a estratégia | 79 |
| QuintoAndar. Como revolucionar um mercado estagnado | 80 |
| Que novidade é essa, Sr. Fernando? | 81 |
| O fim da covid? | 81 |
| A vida acelerada | 82 |
| Dois cliques e um novo cartão de crédito a seu dispor | 83 |
| A crise dos semicondutores | 84 |
| Menos é mais | 85 |
| Despiora? | 86 |
| Uma bala perdida acha a reputação da Farm | 87 |
| Extinção ou erradicação? Escolha seu lado | 88 |
| O verdadeiro troféu | 89 |
| Patrocínios e o direito de escolha | 90 |
| Dez reais e a melhor experiência de vendas | 90 |
| Patrocínio 2.0 | 91 |
| O futuro do delivery | 92 |
| As novas camponesas de Leite Moça | 93 |
| Duas mentiras não fazem uma verdade | 94 |
| A China que sabe voar | 95 |
| Sommelier de vacina | 96 |
| A volta ao velho normal | 97 |
| As grandes marcas que ninguém conhece | 98 |

O fim da TV como a conhecemos — 99
Cringe — 100
Hábitos que mudam — 101
A nova corrida espacial — 101
Tokyo 2020 em pleno 2021? — 102
Imortalidade — 103
Substituição: Sai LG. Entra Xiaomi — 104
Espaço, a fronteira final... — 105
Aprendendo marketing com um pipoqueiro — 106
Quem espera sempre alcança... — 107
Nem sempre as franquias são todas iguais — 108
A força de uma emissora — 109
A morte de um ícone — 110
A maldição dos pôneis faz dez anos — 110
Uma lâmpada e o bom atendimento — 111
Simone Biles e os limites humanos — 113
Equilíbrio — 114
E se você ficasse cego? — 114
A volta do detergente ODD — 115
Lições de Tokyo 2020 — 116
O que é realmente um atendimento excepcional? — 117
Monja Coen e Ambev — 118
Uma nova chance para a Reebok — 119
Na esquina do Universo — 120
Engarrafamento digital — 122
Voltando a calçar meus sapatos — 123
Mega-Sena? Tudo, menos cartão de crédito — 124
Roube uma batata — 124
O fim de um bom produto — 125
O tempo não volta — 126
Um novo tipo de golpe — 127
Torturando a estatística — 128
A inocente maldade infantil — 129
Será que ainda vale a pena? — 130

| | |
|---|---|
| Vire espião | 131 |
| Sou apenas uma geladeira | 132 |
| Craig. Daniel Craig | 133 |
| Botão da camisa e o comportamento humano | 134 |
| Será que é o mesmo Leite Moça? | 135 |
| É aproximação? | 136 |
| Bond. James Bond | 137 |
| Um novo astro da robótica | 138 |
| 80% menos plástico | 138 |
| Abstinência digital | 139 |
| O que faz uma marca? | 140 |
| Ainda vamos ser todos veganos | 141 |
| Beam me up Scotty! | 142 |
| Em boca fechada não entra mosquito | 143 |
| Ted Lasso | 144 |
| Sustentabilidade nos pequenos gestos | 145 |
| O novo Parque do Ibirapuera e a LGPD | 146 |
| Um lacre de alumínio e a fricção | 147 |
| Zuckerberg ataca de novo! | 148 |
| Os novos celulares sobre rodas | 149 |
| Serviço nota 10 é suficiente? | 150 |
| Peito masculino é imoral? | 150 |
| Os novos softwares ambulantes | 151 |
| O futuro das embalagens é verde | 152 |
| Brigando com os algoritmos | 153 |
| Bons negócios | 154 |
| Como inovar num produto imutável | 155 |
| Coca-Cola digital | 156 |
| Emergente | 157 |
| Convenções | 158 |
| Não leia se você for cardíaco | 159 |
| A qualidade que a gente não vê | 160 |
| Nós vamos invadir sua praia! | 160 |
| Uma nova bolha | 161 |

| | |
|---|---|
| O touro da Bolsa | 162 |
| Meio homem, meio mulher | 163 |
| Eu quero uma fábrica só pra mim! | 164 |
| Quando a tecnologia dificulta a vida | 165 |
| E o touro se foi... | 166 |
| Sentindo-me fatiado | 167 |
| Adeus cliente... | 168 |
| Não era importante | 169 |
| Tempo ou dinheiro? | 170 |
| O que fazer com o lixo? | 171 |
| Só sei que é legal | 172 |
| Quando o monopólio te cega | 173 |
| O poder de uma marca | 174 |
| Ainda bem que agora encontrei você... | 175 |
| O mais importante no varejo é ser dono do cliente | 176 |
| Quem é mesmo o maior banco da América Latina? | 177 |
| Pra que dois ouvidos se a gente não ouve? | 178 |
| Os prêmios de gelo | 179 |
| Adivinhando o campeão da Copa do Brasil | 180 |
| Metendo os pés pelas mãos | 180 |
| A nova criatividade | 181 |
| Repete, repete, repete e não aprende | 182 |
| Colegas de aeroporto | 183 |
| O melhor comercial do Brasil | 184 |
| Não contém spoilers | 185 |
| Ritualistas | 186 |
| **Índice Remissivo** | 188 |
| **Agradecimentos** | 191 |

# PREFÁCIO

Quando meus sócios e eu montamos a HSM, uma das maiores empresas de educação Executiva da América Latina, tínhamos um projeto de fazer uma revista de administração como fazem as grandes universidades americanas: A *Harvard Business Review* ou a *MIT Sloan Management Review*. De um lado, nossa empresa traria grandes gurus para palestrar no Brasil, do outro, teríamos uma revista para ampliar as discussões de que nosso país precisava.

Saí, então, peregrinando agência por agência, buscando anúncios que financiassem nosso sonho. Uma a uma, a resposta era sempre não, de forma muito... gentil. O perfil, o momento, a estratégia... Tudo era desculpa para não anunciarem. Aí cheguei na Leo Burnett, agência da Fiat, e me encontrei com o gerente de publicidade da montadora, o Murilo Moreno. Fechamos, de uma vez só, mais de um ano. Eu, querendo um anúncio, não esperava alguém com tanta vontade de anunciar. Perguntei para ter certeza. E ele, da forma direta e clara de sempre, respondeu:

— Salibi, a revista vai ser um sucesso. Não temos nada aqui parecido com isso. E como é a HSM que vai fazer, não tenho dúvidas que vai valer a pena. Além do mais, você vai ajudar a deixar nossos carros mais sofisticados.

Pois é o livro desse gênio do marketing brasileiro que você tem nas mãos. Com textos leves, simples e diretos. O único publicitário que acreditou no nosso projeto desde o início, Murilo já deixou a marca dele no marketing nacional. Foi um dos responsáveis por tirar a Fiat da última posição e virar líder de vendas em nosso país. Colocou seus carros na Ilha de Caras e em todos os *reality shows*, desde *No Limite* até *Big Brother Brasil*. Isso sem contar que, com a Doblò, participou do *Casa dos Artistas*, do SBT, e fez a ação considerada o Lançamento da Década.

Com seu trabalho, a marca Nissan passou a ser conhecida no nosso país, deixando de ser uma marca inexpressiva (como ele sempre repete, uma marca chuchu) e criando uma das campanhas automotivas mais conhecidas, a dos Pôneis Malditos, para a picape Frontier. Além de multiplicar por cinco as vendas...

Posso dizer que é uma sorte podermos contar com sua análise diária de produtos e serviços nos feeds das redes sociais. Murilo se tornou figurinha carimbada no LinkedIn, onde escreve diariamente sobre marketing e comportamento do consumidor, sempre apresentando um ângulo diferente de coisas que estão ao nosso lado e a gente nem percebe. De repente, um simples vendedor de picolés na praia vira o melhor vendedor do mundo; uma briga no *BBB* nos mostra como ouvimos, mas não escutamos; e seus textos nos explicam o porquê.

No dia que Murilo me convidou para escrever este prefácio, eu estava em Curitiba para uma palestra. Fiquei pensando como o Brasil precisa de mais análises e teorias como as que ele traz se pretendemos nos tornar uma grande nação. Leia você também e entenda porque ver de forma diferente pode nos ajudar a ir mais longe.

Espero que este seja o primeiro de vários livros.

**José Salibi Neto**
Autor de *Gestão do Futuro*

## INTRODUÇÃO

Todo dia, uma nova ideia surge no mundo do marketing. Todo dia, uma empresa quebra por não entender a cabeça do consumidor. Todo dia, um novo comportamento muda o que conhecemos e vira tudo de cabeça para baixo.

Normalmente essas mudanças são pequenas, simples e silenciosas. Você dorme em um mundo analógico e acorda em um paraíso digital. Dirige um carro a gasolina e sonha com carro autônomo e elétrico. Passa horas pesquisando um assunto em livros e mais livros e, de repente, tem tudo na sua mão num simples digitar no celular.

Aconteceu com a internet. Ela foi se modificando à sua volta e, se você não prestou atenção, dificilmente vai se lembrar de quando ficou tão dependente dela. Está acontecendo novamente, agora, com o Metaverso. Hoje parece estranho e distante. Daqui a pouco, não vai viver sem ele.

Pois é isso que este livro quer mostrar. As pequenas revoluções que geram grandes transformações. Seja no marketing, na tecnologia ou na cabeça do consumidor. No fundo, é o que queremos: mudar comportamentos a favor de nossas ideias e produtos.

Todo dia, escrevo um pequeno texto sobre alguma mudança que vejo. Agora, reuni essas miniprovocações para que você possa entender alguns dos fatores que estão transformando nossa vida diariamente.

A gente entra no automático, sem nem mesmo perceber. Acordar, trabalhar, comer, dormir. Se esta leitura lhe ajudar a sair dessa rotina e ver com outros olhos o mesmo hambúrguer de todo dia, o mesmo programa de TV, já vou me sentir satisfeito.

Afinal, a gente não pede pra nascer, nem sabemos quando vamos morrer. Então, só nos resta aproveitar o caminho. Atentos.

## SAI A INTERNET, ENTRA A FAMÍLIA

Comecei o ano de 2021 de uma forma realmente inovadora: 24 horas sem luz, 72 horas sem internet. Tudo isso por causa de um temporal com direito a deslizamentos, em Itamambuca, litoral norte de São Paulo.

A praia já é meio alternativa, voltada para o surfe. As ruas, de terra, viraram pistas de off-road debaixo de tanta chuva. Local perfeito pra quem roda de 4X4. Mas tudo tem limite!

Um evento como esse nos lembra quão dependentes estamos da tecnologia. Você que me lê, não sei. Mas eu fiquei com síndrome do pânico. Sabe crise de abstinência de droga? É igual. Você olha a toda hora pro celular, sonhando que o sinal de internet tenha voltado. Nada mais deixa você tranquilo.

No fim, o melhor jeito de virar o ano: se desligando do mundo externo e ficando 100% presente com sua família. E entendendo que, sai ano, entra ano, são eles que estão sempre ao seu lado.

Feliz Ano-Novo!

## QUANDO FOI QUE A NESTLÉ E A LACTA SE FUNDIRAM?

A primeira impressão que tive quando vi o carrinho de sorvetes na praia foi que o sorveteiro estava usando um guarda-sol errado. Aí reparei no uniforme. Então, não podia ser uma coincidência. Duas marcas da Nestlé e uma da Lacta? Quando as duas concorrentes se juntaram que não fiquei sabendo?

Lógico que fui atrás da história e descobri a Froneri, terceira maior empresa de sorvetes do mundo. Sabe aquelas grandes multinacionais invisíveis no dia a dia? Pois bem. Ela é uma dessas empresas e tem marcas importantes, como Häagen-Dazs e KitKat. Como a

Nestlé é sócia, fica fácil, né? Mas a expansão com a Mondelez, dona das marcas Tang, Cadbury e Milka, é um movimento interessante. Especialista em produzir sorvete, nada melhor do que fabricar e distribuir grandes marcas de terceiros e ganhar com isso. Já gostei dessa empresa.

O melhor foi realmente esse carrinho. Fiquei pensando em como escolho um sorvete. Pela marca do fabricante ou do próprio sorvete? Percebi que tomo Chicabon, não Kibon. Ou Diamante Negro, não Lacta. Os fabricantes são garantia de qualidade.

Na praia, ficou fácil aceitar as duas marcas convivendo. Agora, estou curioso para vê-las em outros pontos de venda. Fico pensando nas novas parcerias que podem surgir.

O mundo está se tornando cada vez mais complexo.

## COM ESSE PREÇO, ESTA BICICLETA DEVE ATÉ FALAR

Pode uma bicicleta custar mais do que um Hyundai Creta? Com o valor dela, você poderia comprar dois Renault Kwid e ainda sobrar dinheiro pra colocar um sistema multimídia em cada um deles? Pois bem. A Specialized S-Works Full custa. Por R$ 92.999 você sai dando uns rolês por aí...

Lógico que essa não é uma bicicleta pra você ir dar uma volta no parque num domingo ensolarado como hoje. Essa bike é um modelo de alta competição. Só que esse preço reflete o Custo Brasil. Aquele mesmo que é citado entre as razões pelas quais a Ford desistiu de produzir por estas bandas.

Essa bicicleta custa, nos Estados Unidos, 11 mil dólares para venda ao consumidor. Considerando o valor do dólar, deveria chegar em nossas terras por algo como 55 mil reais. A diferença? Um pouco de frete, mas principalmente impostos e mais impostos.

Tenho medo de sair e ir às lojas, como fui neste sábado à Pedal Power. Fica claro como nós, brasileiros, estamos perdendo poder de compra.

Precisamos urgentemente da reforma tributária. Talvez a gente retome um pouco do poder que perdemos...

## O LADRÃO ROUBA, MAS É VOCÊ QUEM PRECISA PROVAR QUE É HONESTO

Já teve seus dedos impressos numa folha? Fichados como se estivesse sendo preso? Pois é... Incrível, mas passei por uma das experiências mais estranhas que já tive. E não fui eu o fichado...

Durante as férias, Bella, minha esposa, recebeu uma carta do INSS, mudando o banco dela do Itaú para a Caixa. Fomos a uma das agências para descobrir que eles haviam caído no golpe de uma estelionatária, que abriu uma conta em São José dos Campos, com documentos e comprovante de endereço falsos. Além de aceitarem os documentos, ainda emprestaram 57 mil reais a essa ladra...

Essa história já seria estranha, não fosse a burocracia necessária para desfazer o crime. Páginas de relatórios, mas, principalmente, a impressão dos dedos numa ficha que vai para os arquivos, para que a Caixa possa regularizar o processo e aceitar que passou por um golpe.

Estranho pensar que isso é uma inversão de valores. A facilidade da golpista para abrir a conta e roubar os reais é incrível, se comparada às exigências do banco para aceitar que foi roubado. A ladra, com um par de documentos falsos, leva todos no bico. Resta a quem é honesto parar seu trabalho, despender horas e provar o erro iniciado numa análise fraca de um gerente do banco.

Temos uma das menores produtividades do mundo... O Brasil não é para amadores.

## SÃO JOSÉ DOS CAMPOS, UMA CIDADE DE PRIMEIRO MUNDO

Vim para São José dos Campos fazer a revisão da minha Fiat Toro numa concessionária onde faço consultoria. Sabe como é, a gente vai longe pra prestigiar os clientes. Antes de entregá-la aos mecânicos, minha atenção foi chamada, ao parar num sinal, por um carro elétrico da BeepBeep.

Curioso, estacionei e fui conferir de perto. Fiquei impressionado ao ver que a prefeitura parece ter um projeto de mobilidade em curso. Por quê? Porque logo na esquina havia bicicletas compartilhadas. Bikes e carros compartilhados? Isso cheira a modernidade.

Coincidentemente, o fiscal da BeepBeep chegou enquanto eu fotografava o Caoa Chery Arrizo. Me contou que eles têm 18 carros na cidade. Além do Chery, trabalham com o Renault Zoe, o mais barato carro elétrico vendido por essas bandas. Preço? 203 mil reais. Aí me bateu uma dúvida. Parece contraditório que a prefeitura tenha uma política para o elétrico, inclusive com vagas demarcadas para eles, enquanto o governo federal continua a não os incentivar. Localmente, temos uma situação de primeiro mundo. Nacionalmente, estamos perdendo a corrida pela eletrificação do transporte.

Sou entusiasta dos elétricos e do compartilhamento, o futuro da indústria. Com a entrada das empresas de tecnologia, como Apple e Google, isso deve mudar ainda mais. Isso aqui é uma amostra do que vem por aí.

## QUANDO A EMPRESA EXPULSA O CLIENTE PELAS PORTAS DO FUNDO

Desde que montei minha empresa, em 1996, todo ano renovava o certificado digital na mesma empresa, do mesmo jeito: pegava os documentos e ia pessoalmente renová-lo. Nunca me incomodei. Uma manhã por ano? Sem problemas. Sempre muito rápido e eficiente. Sem motivos para trocar o fornecedor.

Até que, em janeiro de 2019, tive que comprar um certificado de pessoa física. Gerei o boleto, fui a um dos escritórios da empresa com os documentos e pronto. Só que, ao utilizar o certificado, descobri que precisava de outra versão.

Liguei para o setor de vendas e me explicaram: "Não pague o boleto. Ele será cancelado. Compre a nova versão comigo". Erro meu acreditar no vendedor. Passei a receber ligações do financeiro me cobrando a compra não paga. Não adiantava explicar que fiz o que o setor de vendas me mandou fazer. Por fim, após mais de 12 meses de telefonemas, paguei e jurei nunca mais comprar daquela empresa.

Acabei de fazer meu novo certificado com a Certisign. Mais simples, rápido, e nem precisei apresentar os documentos que levei. Eles levantaram tudo pela internet.

Aí vem a pergunta: sua empresa tem tratado bem seus clientes fiéis ou tem os enviado diretamente para seu concorrente? Todos trabalham a favor do cliente ou cada departamento tem sua própria missão?

Seu cliente pode amar você. E mesmo assim ir embora.

## FIDELIDADE É QUANTIDADE OU QUALIDADE?

Depois de mais de 20 anos precisei trocar um fornecedor. Eu estava satisfeito, até que o financeiro e a área de vendas passaram a falar línguas diferentes. Troquei e me surpreendi positivamente. Publiquei um texto a respeito e a ideia era levantar a questão sobre se nós, executivos e empresários, tomamos as decisões corretas para manter a relação com nossos clientes mais fiéis. Ou se os departamentos têm, cada um, uma métrica diferente, e de repente o financeiro joga para fora um cliente fiel, pois ele não se encaixa nos seus parâmetros. Quando as empresas passam a ser silos separados, com interesses diferentes.

Dentre os vários comentários, alguns me chamaram a atenção para um ponto que sempre me incomodou: quem é mais fiel? O consumidor que voa duas vezes por ano, mas só numa empresa? Ou aquele que viaja toda semana e divide seus voos em duas companhias? O primeiro voa duas vezes e é fiel em 100% delas. O segundo, 52 vezes, mas só é fiel em 26 delas.

Para a empresa, o cliente 50% fiel gera 13 vezes mais receita. Para o consumidor, o cliente dos dois voos anuais tem mais amor pela empresa, pois não se vê em outra. Ele tem uma ligação emocional maior, o chamado *Emotional Bond*.

Esse é o verdadeiro embaixador da marca. É ele que constrói nossa imagem.

E você? O que acha?

## AS LEIS DO TRABALHO MORRERAM. LONGA VIDA ÀS LEIS!

Sábado à noite, 21h53, você recebe uma mensagem no WhatsApp do seu chefe em que se lê "Urgente". O que você faz?

a) Abre, lê e responde.

b) Vira pro lado e só volta a pensar nisso na segunda, às 8h.

Creio que a maior parte das pessoas abre e responde. Legalmente, estão fazendo hora extra. No fundo, estão deixando as leis defasadas.

Se tem uma coisa que vem mudando nos últimos tempos e que a pandemia acelerou, essa coisa é a relação das pessoas com o trabalho. A semana de cinco dias e o horário comercial das 8h às 18h estão caindo, aos poucos, em desuso.

Fazer home office demonstrou às pessoas que elas podem começar mais cedo, dar uma pausa no meio do dia pra ir à academia e voltar ao trabalho depois. O importante sempre foi a entrega. Mas todos estavam acostumados a pensar em termos de horas trabalhadas.

Lógico que existem atividades que necessitam da presença contínua. Linhas de produção, por exemplo, as mais afetadas pela automatização. Naquelas consideradas administrativas, a flexibilidade tem se instalado aos poucos.

Vamos nos acostumar a uma relação 24/7. As leis também vão mudar. Responder a uma mensagem no sábado à noite vai depender somente se você está de bobeira ou colocando os filhos pra dormir. Seu chefe sabe que a resposta virá, assim que você puder responder...

## POR QUE É TÃO DIFÍCIL RASGAR UM MAPA MENTAL?

Mapas são, por si sós, reveladores do que se passa na cabeça de quem os desenha.

O que ilustra o post é o mapa-múndi chinês. O centro é o oceano Pacífico. Lógico. Ele é muito mais importante no dia a dia deles do que o distante Atlântico. Interessante notar que o Norte também fica na parte de cima. Quem disse que norte é em cima e sul embaixo? Convenção, iniciada com Ptolomeu e adotada pelos navegadores que usavam o astrolábio.

Pois tudo na vida se resume a mapas. Alguns são desenhados por outros e lhe são dados, outros você mesmo desenha. Creio que a gente adota e desenha o mapa mental que melhor se adéqua às nossas crenças.

Não é uma coisa deliberada. Ele vai se moldando aos poucos, um consenso interno de nossa mente, e, de repente, está desenhado. A questão é quando somos obrigados a redesenhá-lo. Todas as ocasiões de luto são momentos de redefini-lo: a perda de um ente querido, um divórcio, uma demissão. Nesses momentos, o mapa atual é rasgado e nada mais faz sentido. Quanto mais veloz se faz um novo mapa, mais rápido se sai do luto.

E você? Qual é o mapa mental que lhe guia? Como você refaz seus mapas, adequando-os às novas realidades?

Só posso lhe dizer que sou péssimo em desenho...

ESCANEIE E VEJA MAIS:

## OLHAR E NÃO ENXERGAR

Sou mineiro, portanto adoro café. Não consigo achar que o dia começou sem me sentar à mesa e tomar um bom café da manhã...

Se você leu a frase e não viu nada de estranho, cuidado. Pode ser que você olhe pro mundo e não veja as coisas. Está no automático. Não é porque sou mineiro que tenho que, obrigatoriamente, gostar de café. Isso é um estereótipo e, como tal, pode te levar a um julgamento errado e algumas vezes preconceituoso.

Quem atua, como eu, na área de consultoria, depara constantemente com problemas nas empresas que são resultado de pararmos de enxergar. A gente olha, mas não vê.

Na área de concessionárias, existe o caso do vendedor que conversa com o consumidor como se comprar um carro fosse um ato diário. Vender um carro é rotina para ele, mas para o cliente é um momento mágico, que não se repete diariamente. Uma conversa de loucos, em que o vendedor dá pouca atenção às perguntas que o cliente faz. Sua preocupação é fechar a venda, e não satisfazer o outro, sua real razão de estar ali. Essa é a cegueira de quem repete diariamente o mesmo comportamento, sem observar o porquê de estar fazendo algo.

Portanto, cabe aqui uma provocação: o que você tem olhado e não tem enxergado?

A propósito: sou mineiro e adoro café.

## O MAIOR ERRO DOS GERENTES RECÉM-PROMOVIDOS

Seu diretor te liga e passa uma tarefa muito importante. Você, gerente recém-promovido, o que faz?

a) Corre o risco e passa para o seu subordinado especializado na tarefa, mesmo sabendo que ele não vai entregar um bom trabalho, além de atrasar?

b) Chama seu melhor funcionário, que não é da área, mas vai entregar um trabalho primoroso, de dar orgulho?

Se você escolheu a segunda opção, acabou de cometer um dos erros mais comuns em gerentes com pouca experiência. Tenho enfrentado essa situação inúmeras vezes nos processos de mentoria que faço com os meus clientes da consultoria.

Normalmente, a gente premia os incompetentes e pune os competentes. O que eu quero dizer? No desejo de entregar um bom trabalho, quando viramos gerente, é normal darmos pouco serviço para os funcionários de baixa performance e sobrecarregarmos os de alta, até que eles não deem mais conta. No final, acabamos com um time de baixo desempenho. Uns porque não performam, outros porque perdem a capacidade de performar.

Estamos vendo algo muito parecido no desempenho dos hospitais durante a pandemia. Todos estão correndo para aqueles que resolvem. E, de tanta gente, eles acabam também não dando conta.

Qual a solução correta? Depende, como tudo na vida. Ou se treina, ou se troca.

Só não dá pra premiar o baixo resultado.

## O SEGUNDO MAIOR ERRO DOS GERENTES RECÉM-PROMOVIDOS

Interessantes as respostas que recebo quando pergunto "você, gerente recém-promovido, o que faz quando o diretor te liga e passa uma tarefa muito importante?". Dentre os vários comentários, alguns falam: "Se é tão importante, eu mesmo faço!". Cometem outro tipo de erro que os gerentes novos fazem.

O que acontece? Habitualmente, um funcionário é promovido porque é muito bom em fazer algum tipo de tarefa. É bom vendedor? Vira gerente de vendas. É bom em planejar? Vira gerente de planejamento. E por aí vai... Só que, na maior parte das vezes, ele é erguido à nova função sem uma preparação adequada. Num dia executa, no outro gerencia.

Então, quando aparece um problema ou uma tarefa importante, a tendência é ele mesmo resolver e não passar para o subordinado. As desculpas são sempre as mesmas: "é mais fácil fazer do que ensinar", "até eu explicar o que precisa ser feito, já vou ter acabado", e por aí vai. Deixa de ser gerente e volta ao cargo anterior. Sem perceber.

Vejo isso o tempo todo nos meus clientes. E treino gerentes para serem gerentes. Mas o que me impressiona é que essa mudança de postura não vem da sala de aula. Vem sempre da experiência e da análise do que se espera da nova função. O bom gerente gerencia: delega, treina e acompanha.

E você? Qual sua visão sobre isso?

## CARRO NO BRASIL É REALMENTE CARO?

Sempre que vejo uma matéria falando de como os carros brasileiros são caros, fico com a sensação de que algo não bate. Pensar que um Renault Kwid básico custe R$ 39.390 e um Hyundai Creta top, R$ 105 mil, parece realmente caro. Mas tudo na vida depende de com o que comparamos. Dependendo do ângulo, os carros brasileiros são uma pechincha.

Em 1994, Itamar havia acabado de criar o chamado Carro Popular. Isso e mais o Plano Real geraram uma estabilidade que alavancou o volume de vendas. O VW Fusca, carro mais barato, ressurgiu, custando R$ 6.743. Ou 96 salários mínimos. Se pensarmos no preço do Kwid atual em termos de salário mínimo, precisaríamos somente de 36 para comprá-lo. Com 96 salários mínimos de 2021, você compra a versão mais cara do Creta.

Nem mesmo em dólar nossos carros parecem caros. O Fusca custava US$ 6.743, já que o real valia um dólar. O Kwid custa US$ 7.214, mas vem com airbag, freios ABS, direção elétrica, coisas que o VW não tinha.

Então por que nossos carros são considerados caros? Minha única explicação é que, em vez de a indústria equipá-los, como acontece no exterior, grande parte do preço é para pagar os impostos. Aí, em qualquer comparação, nossos carros acabam parecendo caros pelo que oferecem.

E você? O que acha?

## COM QUANTOS BIG MACS SE FAZ UM CARRO NO BRASIL

No texto anterior, falei sobre a queda de preço dos carros no Brasil e afirmei que eles são uma pechincha e estão barateando ao longo dos anos. Mauro Ferraz concordou comigo, mas sugeriu a comparação com outro índice que não o mínimo, nem o dólar. Concordei e resolvi compará-los ao Big Mac.

O Big Mac Index foi criado pela revista *The Economist* para comparar o poder de compra em diferentes países, já que o sanduíche do McDonald's é feito com os mesmos ingredientes. Deveria ter o mesmo preço em dólar.

Se em 1994 você podia comprar 2.786 sanduíches com o valor do Fusca, hoje em dia ficaria mais magro, já que o valor de um Renault Kwid daria apenas para 1.798 Big Macs. Somado ao salário mínimo, que subiu de 70 para 204 dólares, o poder de compra do brasileiro realmente cresceu.

Isso reforça o que eu disse: os impostos têm ficado com a parte do leão. Valores com os quais as montadoras colocam conteúdo em outros países, por aqui pagam ao governo. Seu carro é menos equipado, mas o governo vai bem, obrigado.

Creio que nos acostumamos com as notícias de que o carro nacional é caro e que as montadoras ganham muito. Não acredito nisso. O Chevrolet Spark, o carro mais barato nos Estados Unidos, custa o preço de dois Kwids, mas tem equipamentos que só modelos top têm no Brasil. Aí, qualquer um fica muito mais sexy.

E você? O que acha?

## ESCOVA DE DENTES PODE SER SUSTENTÁVEL?

O que você faz com sua escova de dentes velha? Lixo, pura e simplesmente? Joga sem medo? Ou lhe dá uma dor no coração?

Pois bem, escova de dentes é um dos produtos mais difíceis de serem reciclados, pois são vários tipos de plástico, com reciclagens diferentes. Resultado? Mais de 100 milhões de escovas descartadas no Brasil por ano, que vão demorar a se decompor nos diversos lixões.

Se nos Estados Unidos menos de 1% das escovas é reciclado, imagine aqui nas nossas paragens.

Agora, a Colgate traz um produto que pode resolver 80% do problema. A empresa lançou, em janeiro de 2021 nos Estados Unidos, a Colgate Keep, uma escova com o corpo feito de alumínio que troca somente as cerdas. Você usa a escova e, quando ela fica velha, desatarraxa a cabeça e a substitui por uma nova. Simples assim. Não é a primeira a fazer isso, mas a primeira a lançar uma escova sustentável pelo preço de uma normal.

Essa mudança tem motivo: o perfil do consumidor está mudando. E rapidamente. As novas gerações estão exigindo que as empresas se preocupem com a sustentabilidade e o meio ambiente. No caso de dois produtos com preços parecidos, ganha mercado quem tem uma pegada sustentável, mostram as pesquisas.

Não sei quando a Colgate planeja lançar o produto no Brasil. Já sou um futuro consumidor. E você?

## NÃO SEI SE CASO OU SE COMPRO UM CAMINHÃO

Você tem R$ 740 mil nas mãos. O que compraria? A versão top do caminhão Actros ou o Coupé GLE? Não importa qual, você estará dirigindo um veículo da Mercedes-Benz.

Coincidentemente, o superpesado e o crossover têm preços parecidos. O caminhão custa R$ 730 mil e o carro, R$ 737 mil. Isso sem opcionais... São dois mercados, dois públicos, com valores muito próximos. Porém, nada disso me impressiona. O que me faz sempre parar pra pensar é como a montadora construiu sua marca de uma forma tão forte.

Quando você estuda marketing voltado para o mercado de luxo, um dos pontos principais é a exclusividade. Pessoas pagam pela garantia de que o que têm é para poucos. Aí você paga quase um milhão num modelo e passa por um ônibus lotado. Todos ali usando a mesma marca. E essa extensão de marca não atrapalha as vendas dos carros? Esses caras são uns gênios...

Mercedes-Benz faz parte de um grupo seleto de marcas que vivem no imaginário das pessoas. Afinal, até Janis Joplin cantou, em 1970, "Oh, Senhor, você não vai me comprar um Mercedes-Benz?". Quando uma marca cai na cultura popular nesse nível, é porque já ultrapassou, e muito, os limites do marketing.

Apesar de a estrela ser a mesma, creio que as pessoas conseguem separar as propostas. Qualidade é o que as une.

E você? O que acha?

## COMO DAR AULA DE PLANEJAMENTO NO MEIO DA PANDEMIA

Reestreei na matéria de Planejamento na Escola Superior de Propaganda e Marketing (ESPM). Por que reestreia? Porque mudei de matéria e voltei para a mesma que havia dado na PUC Minas na minha primeira experiência como professor.

Mais de 30 anos separam as duas ocasiões. E isso me fez ficar pensando em como o ato de planejar se modificou. Nos anos 1980, quando tive minha primeira passagem pela cadeira de professor, o mundo havia recém-abandonado os planos de cinco anos. As empresas descobriram que não podiam prever e controlar o destino por um tempo longo e passaram para planos mais flexíveis, como os por cenário, aqueles em que as empresas tinham opções chamadas de otimistas, realistas e pessimistas. Depois aplicavam o que melhor se adequava.

Agora, com a digitalização, o planejamento passou a ser algo totalmente fluido. Tudo pode mudar, de um dia para o outro, que o diga a covid. Você planeja à noite, e de manhã a realidade já é outra. Então, por que planejar?

Simples. A gente não controla nada na vida, nem nosso próprio corpo. Experimente parar de respirar. O corpo volta sozinho. Podemos ajudar a natureza a nos levar para onde queremos ir. Com planejamento talvez a gente chegue lá. Sem, fica impossível. Então, nada como direcionar os esforços. O resultado pode até ser o que desejamos.

E você? Como planeja?

### RACISMO E MUDANÇA DE MARCA

Quando é que você abandona um vício? Acho que quando o custo de mantê-lo é maior do que o benefício que ele traz. Pense: você está acima do peso porque adora chocolate. Come compulsivamente. Só vai pensar em fazer dieta quando o incômodo for maior que o prazer.

Sei que é uma forma simplista de falar do assunto, mas fiquei pensando nisso quando meu amigo Mauro Francisco me mandou a matéria falando que a marca de massa de panquecas Aunt Jemima resolveu trocar seu nome para Pearl Milling Company.

Só para entender o caso: Aunt Jemima é um produto que tem 133 anos. Durante os protestos contra a morte do americano George Floyd, essa marca e outras foram atacadas como exemplos de racismo. A PepsiCo, sua atual proprietária, se movimentou e resolveu trocar o nome pelo da empresa que criou o produto.

Eles poderiam ter simplesmente retirado a imagem da mulher negra no logotipo. E lançado o novo nome paralelamente nas prateleiras, substituindo o produto aos poucos. Mas nenhuma dessas ações mostraria para a sociedade que eles são contra o racismo. Nem geraria o buzz nos meios de comunicação.

Construir uma marca por 133 anos tem um valor inestimável. Se resolveram jogá-la no lixo é porque os riscos de impacto negativo nas demais marcas é muito grande. Decidiram fazer regime.

E você? O que acha?

## O CARNAVAL MAIS TRISTE DO BRASIL

São exatamente 12 meses. Se, em 2020, o Carnaval foi a última manifestação popular em que os brasileiros foram pra rua, neste ano passaremos incólumes, todos em casa. Pelo menos é o que se espera.

Talvez vejamos eventos não autorizados, clandestinos mesmo, ao ar livre e sem possibilidade de a polícia intervir. Não foi o que houve na comemoração do título da Libertadores pelo Palmeiras? As ruas de São Paulo foram invadidas, e nada pôde ser feito.

Sexta de carnaval, a cidade de Salvador estava irreconhecível. Pousamos e viemos para o centro histórico antes de seguir viagem para Itaparica. Ninguém nas ruas, a não ser o movimento e o trânsito típicos de um dia de semana. E todos comentando: era para isso aqui estar completamente tomado pelas pessoas...

Os artistas estão todos programando lives. Tentativa de não deixarem de ser relevantes. Pode acabar gerando algum tipo de aglomeração.

No meio dessa tristeza que se tornou o Carnaval, chama a atenção mais uma ação da Ambev: via Zé Delivery, ela planeja ajudar cerca de 20 mil ambulantes que perderam a chance de faturar vendendo cerveja. Basta se cadastrar para já receber R$ 150. Já é um quarto do Auxílio Emergencial que o governo deu no ano passado.

Agora é esperar que a vacinação permita que o Brasil volte a comemorar. Afinal, São João está logo ali...

## UBER, TÁXI E A SABEDORIA BAIANA

Na sabedoria e na praticidade dos baianos a gente percebe coisas que são óbvias, mas que a gente tenta fazer mais complexas.

Pedimos um Uber e chegou um... táxi. O modelo do carro batia, a placa batia. Mas era um táxi! Precisamos perguntar pro motorista: Você é táxi e Uber? Ele respondeu com a maior naturalidade que sim.

Lógico que sei que um serviço é concorrente do outro diretamente. Mas ver o futuro dos dois se fundindo já nas ruas de Salvador foi um choque pra mim.

Bem no início da Uber, chamei um carro no Rio e me apareceu uma Fiorino da Oi. O motorista tentou me convencer a embarcar, e não aceitei. Aí já era demais.

Se Uber já significou um serviço melhor, isso ficou no passado. Hoje significa conveniência e menor preço. Esse é um risco. Se não tem nenhum diferencial, como continuar no mercado se todos os taxistas baixarem seus preços? O veículo autônomo pode ser uma solução, mas ainda demora.

No mercado americano, mesmo com todo o barulho que os serviços de aplicativo fizeram, todos juntos representam meros 5% dos deslocamentos diários, segundo a Associação de Concessionários dos Estados Unidos, o NADA. É muito pouco...

Qual o futuro? Não sei, mas quero estar lá pra conferir. E você? O que pensa?

## O MELHOR VENDEDOR DO MUNDO

— Tem picolé de uva? — pergunto.
— Tem de coco, de cajá, de chocolate, de limão... — responde o sorveteiro, baiano, numa voz arrastada, quase cantando.

— E de uva? — insisto.

— Tem de coco, de cajá, de chocolate, de limão... — responde ele novamente, já mexendo nos picolés.

Betinho, um amigo que está na praia comigo, faz um comentário que me faz parar para refletir: "Ele já falou que não. Implicitamente. Já está respondendo sua próxima pergunta".

Tomo um de cajá, pensando como a gente tende a ver o mundo somente com nossos olhos. Pensei no quanto nós, brasileiros, reclamamos do fato de os portugueses serem literais. Era tudo que eu queria: uma resposta *não*. Direta e reta. Pra quê?

Comunicação é um fenômeno que ocorre em quem ouve, não em quem fala, vivo insistindo pra meus alunos da ESPM. Neste caso, eu estava fechado a ouvir qualquer outra resposta que não fosse *não*.

Quantas vezes você se comporta desse jeito? Em quantas ocasiões, seja na empresa ou na vida, a falta de comunicação se deve a você não querer ouvir? Como fugir dessa armadilha?

Não me engano que isso é resultado da educação. Os portugueses aprendem a ser literais. Meu vendedor de picolé aprendeu, vendendo, que, após o *não*, a próxima pergunta vai ser: Quais sabores você tem?

Quais são as respostas que você não tem ouvido?

## O SEGUNDO MELHOR VENDEDOR DO MUNDO

Bahia, sempre Bahia.

— Me dá uma fritas? — peço no Bob's do aeroporto de Salvador.

— Média ou grande? — É a pergunta do atendente.

— Média...

— A média é 8,90, a grande é 9,90 — ele me responde lentamente, enquanto se vira para o balcão da cozinha.

— Por um real, me dá uma grande...

Acho que descobri a capital mundial do marketing. O baiano não trata os clientes como o resto dos brasileiros. Enquanto em São Paulo o vendedor te auxilia nas suas escolhas, o vendedor baiano se antecipa.

Claro que, no caso do Bob's, existe o treinamento para a oferta do pacote de fritas grande, visando ao aumento do tíquete médio. Mas, na maior parte do Brasil, o atendente pergunta enquanto agiliza o registro no caixa. O baiano primeiro serve, depois cobra. E com isso lhe dá tempo de pensar na pechincha: "Nossa! É mais batata por um real...". É tudo uma questão de timing.

Marketing é tudo numa empresa. Ainda mais quando vem acompanhado de um entendimento profundo do consumidor. Volto impressionado com a capacidade do vendedor baiano de não se intimidar com um *não*. Afinal, vender é a capacidade de transformar o *não* e o *talvez* em um SIM?

Neste Carnaval, fiz o meu MBA.

E você? O que pensa?

## ESTAMOS PERDENDO A CORRIDA PELA EXPORTAÇÃO

Imagine que você tem uma fábrica que opera com 50% da capacidade. Ou seja, pode produzir o dobro, só que o mercado não absorve a produção. Imagine também que seu excedente representa 3% das vendas mundiais. Um nada. Como resolver seu problema de capacidade ociosa?

Se pensou em exportar, parabéns. Tem perfil para presidente de montadora de automóveis.

A indústria brasileira vendeu pouco mais de 2,7 milhões de carros em 2019, ano anterior à pandemia. O mundo? 88,8 milhões. Poderíamos ter produzido 5 milhões, mas não existem compradores suficientes no país.

Então por que o Brasil não exporta? Porque faltam duas coisas: incentivos e constância. O governo tem sido mestre em não oferecer as duas, em se tratando de exportação. Qualquer importador quer ter certeza de que os preços serão constantes ao longo dos anos. E as exportações poderiam não gerar impostos, pois são vendas adicionais. Mas não se olha para essa oportunidade como se poderia olhar.

O México vende um milhão no mercado interno e exporta outros três. "Ah! Mas o México vende pros Estados Unidos, ao seu lado", você pensou. Mas e a Coreia do Sul? Longe de tudo e de todos, dá um banho no Brasil em exportação.

Dá pra virar um país exportador? Sim. Mas, pra isso, muita água precisa passar debaixo da ponte.

E você? O que acha?

## SEM GELO, NEM LARANJA, E SEM SER DIET

Minha esposa me fala, no restaurante, que não sou bom em me comunicar com as pessoas. Isso porque, quando chego e peço um guaraná, sempre pergunto a marca.

Bebia só Kuat e cansei de receber Antarctica no lugar. Acabei me dando por vencido. Mas tem vezes que recebo marcas de que não gosto, como Fanta ou uma desconhecida, sem ser avisado. Pior quando vem no delivery.

O comentário dela é porque, depois da marca, eu falo: "Quero gelado, mas sem gelo nem laranja no copo. E sem ser diet". Ela diz que confundo os garçons. Isso porque não é ela que tem que driblar o que cada um serve.

Em São Paulo, a versão diet já virou o padrão em alguns restaurantes. Se não avisar, quando perceber já abriram uma versão zero... Em termos de copo, tem aqueles que, se você não falar, automaticamente servem com laranja. Você diz: sem gelo, por favor. Ainda assim, o gelo vem... Por acaso eu pedi? Pra piorar, o garçom vira a rodela na bandeja e deixa o copo com o suco de laranja no fundo... eca!

Comunicação é uma coisa complicada. As experiências anteriores interferem no entendimento entre as partes. Isso vai do guaraná pedido à relação entre os países.

Bati uma aposta com ela. De hoje em diante só vou pedir um guaraná. E anotar o que cada um me serve. Vamos ver o que acontece...

## DESCOBRI O SENTIDO DA VIDA

Pra mim, contabilidade é uma ilusão, uma abstração. Aquela coisa das partilhas dobradas, sabe? Você tira daqui, mas tem que colocar do outro lado? Me confundo todo. Como dizem meus alunos da ESPM, "sou de humanas...".

Para os contadores não existe investimento. Existe antecipação de despesa. Depois você abate um pouco por ano, o que eles chamam de depreciação. Muito difícil de entender. Você olha pra conta do banco, não tem dinheiro. Olha pra contabilidade, tem lucro... Caixa ou competência? Tem que ter MBA!

Claro que quem entende, ou quem é contador, lendo este texto vai dizer: "Está tudo errado. Você não entendeu direito". E vou responder: "Não entendi mesmo".

O estranho é ter pensado nisso tudo olhando um siri na praia. Pra mim, contabilidade e natureza são dois grandes enigmas do mundo.

Você olha pra um simples siri na areia e pensa: "Como pode a natureza ser tão bonita e complexa? Não consigo imaginar o Universo testando modelos e mais modelos de siris até chegar no atual: com oito garras? Não, muito pesado... Que tal duas? Perfeito!".

Dizia John Lennon: "Vida é aquilo que acontece enquanto você está ocupado fazendo outros planos". Então, seja você um siri, ou um contador, aproveite o dia de hoje. A gente não sabe o que vem por aí.

E você? Qual é o seu siri?

## QUANDO A TECNOLOGIA TODA FALHA

Estou impressionado com o internet banking de um dos maiores bancos brasileiros. Gastei o dia para ter acesso à conta, já que, depois que levaram meu celular, as senhas foram com ele.

Você pede a senha pro gerente. Quando entra, vê as opções, mas não consegue acessar nenhuma, pois precisa cadastrar outra senha. É como se a primeira fosse pra você entrar num shopping e cada loja pedisse uma nova. Você tenta e o sistema, pra ajudar, dá pau o tempo todo. Por fim, quando consegue e acha que vai ver seu extrato... surge um aviso dizendo que precisa imprimir um pedido de liberação das senhas, assinar e enviar pro gerente para ele autorizar seu acesso. É sério? Imprimir e assinar em pleno século XXI?

Enquanto isso, no Nubank, se perder a senha, um simples clique resolve tudo. Rápido e fácil.

Não creio que o sistema do Nubank seja menos seguro. Minha impressão é de que os funcionários do outro banco, do presidente ao caixa, ainda não acordaram pra realidade: você não concorre com outros do seu segmento. Concorre com os melhores. De todo o mercado.

A experiência de compra não se dá, na cabeça do consumidor, por categoria. Cada vez mais, ele quer a experiência da Apple na compra de supermercado e a velocidade da Amazon na compra de carros.

Você e sua empresa estão preparados?

## DE VOLTA PARA O FUTURO

Primeiro foi o Burger King que fez uma homenagem ao seu passado, recriando um de seus antigos logos. Agora, a Peugeot toma um caminho parecido e lançou sua nova marca, uma recriação do leão que brilhava nos seus capôs entre 1960 e 1965. É o *Back to the Future Parte 2* dos logotipos.

Esse período de pandemia tem sido interessante. Várias marcas sendo redefinidas. Vimos GM, Fiat, VW, BMW e Kia criando novas manifestações visuais, só para ficar no mercado automotivo. Todas elas simplificando as linhas e falando muito de eletrificação.

Com a Peugeot não foi diferente. Com a nova marca, vem uma nova identidade, uma promessa de 80% dos seus carros eletrificados na Europa ainda este ano e um posicionamento instigante: deixar de ser uma marca generalista e passar a representar carros de topo de gama.

Esse é um sonho necessário quando se tem numa mesma empresa tantas marcas concorrentes como a Stellantis. São 20 marcas que precisam e podem se diferenciar diante do consumidor.

Não nos enganemos. Essa diferenciação é uma coisa que só se conquista com o tempo. E isso, parece que a Peugeot tem de sobra. Afinal, comemorou no ano passado 210 anos. Ela já existia na época das carruagens. E pode permanecer por aqui, mesmo depois do fim do automóvel.

E você? O que achou da nova marca?

ESCANEIE E VEJA MAIS:

## O MUNDO TODO É UMA PRISÃO

Fomos, Bella e eu, mais um casal de amigos, levar as crianças ao Zooparque. Nasceu recentemente um filhote de girafa, e seria um bom programa de domingo. Foi mais que isso. O zoológico é superbem montado, moderno. Os animais não ficam confinados em jaulas, mas têm uma área relativamente grande para se movimentar. Além disso, o Zooparque tem um museu de história natural muito bem montado. Valeu o passeio.

Mas não pude deixar de pensar no que significa "uma área relativamente grande". Apesar do espaço, eles permanecem presos. Uns com mais, outros com menos, mas ainda assim uma prisão. Exceção para as garças, livres para voar para onde quiserem. Só que nós, os humanos, já acabamos com todos os lugares aonde elas poderiam ir. Por isso, ficam por ali mesmo.

Por lá, lembrei de um desenho animado russo dos anos 1980 que assisti. Nele, um leão de circo vivia sonhando em escapar e voltar pra floresta. Um dia ele foge e vai pro seu hábitat natural. Só que perdeu as habilidades de caça e passa a sentir fome. Com o tempo, a fome aumenta e ele começa a sonhar em voltar para o circo. Lógico que na história eles se encontram. Mas o circo já tem um novo leão na jaula, então não precisa mais dele.

Essa talvez seja a nossa vida. Uma prisão da qual não nos damos conta. E você? O que pensa?

## MAIS UMA MONTADORA QUE TROCA DE MARCA

A GM muda sua marca e diz que planeja somente ter carros elétricos a partir de 2035. A Hyundai lança a Ionic, sua nova marca, criada para carros 100% movidos a bateria. A Peugeot também muda o logotipo, anunciando que sua frota será 80% eletrificada na Europa este ano. Coincidências? Não. É a corrida pela próxima fronteira da mobilidade.

Se você ainda pensa que não terá um carro elétrico, melhor rever seus conceitos. Todas as montadoras estão se preparando para mudar os motores de seus automóveis, da combustão para a eletricidade, nos próximos dez anos.

Se em 2010 a Nissan era a pioneira com o Leaf e seus proprietários eram loucos que precisavam reabastecer a cada 120 km, hoje as montadoras anunciam modelos com autonomia de até 700 km. A novíssima Aptera já começou a aceitar encomendas nos Estados Unidos do seu modelo com capacidade de rodar 1.200 km sem reabastecer. Os 400 km do tanque do seu carro a gasolina já parecem pouco, não é?

Os preços estão despencando rapidamente, enquanto o valor da desbravadora Tesla não para de subir. A chapa está esquentando...

Não tem receita melhor para a inovação: nova tecnologia e preços caindo. Ainda mais uma tecnologia charmosa em tempos de sustentabilidade. O futuro agradece. E é elétrico.

E você? Em qual futuro aposta?

## RACIONAIS IRRACIONAIS

O ser humano é um ser racional irracional. Essa é a única definição que imagino quando penso em me vestir de Sr. Spock do *Jornada nas Estrelas* e andar por aí, pelas ruas. Tenho certeza de que as pessoas me olhariam torto, achando-me doido. Como assim, vestido como um personagem de uma série de TV?

Fã é fã, não importa o tema. Torcedores de times de futebol saem fantasiados dos seus ídolos e chegam a pintar a cara em datas especiais, e ninguém olha estranho para eles. A não ser que seja um fã do time adversário. Nós, fanáticos por séries, não podemos.

Lógico que existem os cosplays, aquelas pessoas que se fantasiam por completo para eventos especiais. Mas aí é como ir ao estádio. O que não entendo é no dia a dia não poder usar a camisa do *Star Trek* como alguém usa a camisa do Flamengo.

Esse discurso todo para voltar ao início. Somos seres racionais irracionais. Fazemos coisas e tomamos decisões que desafiam a lógica. Depois ficamos criando desculpas para nos justificar para nós mesmos. Não sei você, mas me pego fazendo coisas que eu mesmo condeno. É ou não é irracional?

Apesar de tudo, creio que essa é uma das características que nos fazem ir para a frente, que nos fazem ser criativos. A irracionalidade é a coisa mais racional que temos.

E você? O que acha?

## HITLER NÃO CONHECEU A INTERNET

Amo a velocidade da internet. O mundo não é mais medido em dias, mas em horas ou minutos. Possíveis crises aparecem e morrem em segundos. Se tem alguém que surfa bem essa onda, esse alguém é a Amazon.

Como os smartphones se atualizam automaticamente, semana passada vi o novo avatar da Amazon substituir o tradicional carrinho de supermercado que usavam. Nada mais correto: eles não usam esses carrinhos, e a cor parda das caixas é um diferencial enorme no meio de apps laranja, vermelhos e azuis que povoam as telas de nossos celulares. No topo, um retângulo azul, pois suas embalagens nos Estados Unidos são lacradas com fita azul, e não transparente, como no Brasil.

Só que a fita azul no topo da imagem junto com a seta lembrou a muitas pessoas o bigodinho do Hitler. Pronto! Os comentários começaram a bombar nas redes sociais. O que eles fizeram? Se defenderam e explicaram o design? Não, trocaram o formato da fita por um retângulo simples com um recorte no canto, significando uma fita sendo arrancada. Fim da crise.

Amo esse caso. A Amazon mostra pra gente duas coisas: como administrar a construção de marca nos tempos de internet. E como as coisas são volúveis nessa nova era. O que era bom ontem pode não ser hoje. E os erros de um dia podem ser corrigidos no outro.

E você? O que acha?

## E SE A QUARENTENA NÃO TERMINAR?

Já reparou que a expressão "novo normal" sumiu? Será que as pessoas se cansaram ou a realidade é que se tornou o normal normal?

Participei de um congresso em que uma pergunta me deixou intrigado: E se permanecermos todos em quarentena por mais três anos? Depois de um ano de luta, mesmo com a vacina sendo aplicada em larga escala, países como Inglaterra e Alemanha continuam fechados, devido aos novos formatos da covid-19. Então o risco de isso acontecer é real, mesmo que torçamos contra.

Se isso ocorresse, o que aconteceria aos hábitos e ao consumo da população? Os segmentos mais prejudicados seriam o da moda e o automobilístico. Saindo pouco, acabaríamos variando menos de roupa. E descobriríamos que carros são toneladas de aço e plástico pouco utilizados, estacionados nas garagens. Por que consumir tanto?

Tecnologias de comunicação e entretenimento dariam saltos enormes nesses anos. Investimentos se concentrariam em soluções para uma população confinada e carente de relacionamento. Delivery, então, seria a grande revolução. Perderíamos o costume de comprar fisicamente e iríamos preferir o computador para todo tipo de produto.

Aí, no dia em que fosse possível sair novamente às ruas, teríamos medo de ir até a esquina. A vida não voltaria ao seu normal, nunca mais.

E você? O que acha?

## BACTÉRIAS E AMIGOS

Desde que fui ao Museu do Amanhã, no Rio, não consigo pensar em ninguém no singular. Não sou só eu, somos nós. Não é só você, são vocês. Mas que papo louco é este?

Bem, andando pelo museu descobri que todo ser humano tem trilhões de bactérias internamente, que chegam a pesar um quilo num adulto. Isso mesmo. Um quilo de bactérias. Se não fossem elas, a gente morreria de fome, pois nosso corpo não dissolve as vitaminas de que precisamos. Elas fazem isso. Depois delas, fica mais fácil pra gente.

Essa relação entre os hóspedes, as bactérias e o hospedeiro, você, é chamada de *simbiose*. É uma relação íntima entre seres, na qual ambos saem ganhando. A natureza está cheia disso. São as rêmoras, peixes que vivem por causa dos tubarões, comendo suas sobras, ou certos pássaros que limpam os parasitas das costas de bois e vacas. Aliás, parasitas também têm uma relação de simbiose, embora tóxica, pois prejudicam o hospedeiro. Como a covid e todos nós.

Temos também diversas simbioses, além das bactérias. Faz parte da vida. Umas, relações de ganha, ganha. Chamamos de amigos. Outras, tóxicas, difícil evitar não as ter.

O sucesso é conseguirmos acumular as boas relações ao longo dos anos. Que só conseguimos se estamos prontos para ajudar mais do que sermos ajudados.

## O SAPO E O POLITICAMENTE CORRETO

Já ouviu falar que, se colocarmos um sapo numa panela de água e a aquecermos aos poucos, ele não sente a água esquentando e morre cozido? E que, se jogarmos esse mesmo sapo numa água fervendo, ele pulará para longe, salvando a própria vida? Pois é, isso é chamado de *Síndrome do sapo fervido* e vale para explicar por que não percebemos as mudanças que ocorrem ao nosso redor.

Falo disso por causa das mudanças que o politicamente correto tem feito em nossas vidas. Se no seu começo, no final do século passado, nos Estados Unidos, era uma censura palavras preconceituosas, aos poucos essa ideia tem passado das palavras ao comportamento. Não basta um discurso correto. As ações têm que refletir esse pensamento.

E estão. Cada vez mais, empresas têm se posicionado a favor de atitudes politicamente corretas. Isso é importante pela capacidade delas de moldar o comportamento dos indivíduos. Por conta disso, chama a atenção o anúncio mundial feito pela Unilever de que vai abandonar o termo "normal" em seus produtos de cuidados pessoais. Descobriram que as pessoas se sentem excluídas quando questionadas se são normais.

As novas gerações têm chegado com esta postura: não aceitar rótulos que as limitem. Essa é uma mudança que veio para ficar.

E você? Pula ou fica quieto enquanto a água ferve?

## TÊNIS PARA COLECIONAR

Em 2017, numa viagem a São Francisco, me impressionei com uma fila enorme às 7 da manhã na frente de uma loja de tênis esportivos. Estava acompanhado por um casal de amigos que mora por lá e perguntei o que era aquilo, já que as lojas só abririam às 10h. "É o lançamento do novo Nike Air Max. Serão poucos pares, e estão esperando para comprar antes que acabe." Aquilo ficou na minha cabeça desde então.

Essa estratégia da Nike virou um mercado paralelo. As pessoas compram os tênis para revendê-los depois, com lucros astronômicos. Tem até site especializado em dar cotações e preços, de acordo com a raridade do modelo.

Com a pandemia, os lançamentos passaram para a internet e alguns revendedores começaram a contratar centenas de pessoas para comprar nos sites da Nike e da Adidas, por causa do limite de um par por pessoa. Em poucos minutos, todos os tênis vão para as mãos desses cambistas, que os revendem logo após, ganhando dezenas de dólares.

Agora, explode um escândalo no mínimo interessante. Um desses revendedores foi entrevistado pela *Newsweek*. Um gênio de 19 anos. Só que a revista descobriu que ele é filho de uma VP da Nike. Resultado? A mãe pediu demissão, e a empresa anunciou que vai criar formas de evitar esse tipo de compra no futuro.

Depois falam dos filhos dos presidentes...

### TREINE SEU TIME ANTES QUE SEJA TARDE

Em novembro do ano passado, o cliente João Alberto Silveira Freitas foi brutalmente espancado até a morte na filial de Porto Alegre da rede Carrefour. Quanto será que custou a economia de não ter seguranças mais bem treinados em suas lojas?

Pelo balanço da rede, divulgado em fevereiro, o cancelamento da Black Friday devido à crise que se instalou causou um crescimento menor, de 6,3% nos supermercados e de 3,1% das vendas de produtos não alimentícios no braço digital. A rede também gastou R$ 50 milhões na criação de um fundo de diversidade e em campanhas internas de conscientização. Ainda assim, mesmo com toda a queda, a rede lucrou R$ 455 milhões no último trimestre de 2020.

Treinamento é uma das coisas mais difíceis de ter seus resultados medidos numa empresa. Em compensação, contratar um serviço de terceiros mais barato é muito fácil de demonstrar a vantagem nos balanços. Esse evento no Carrefour, além de questão humana, mostra claramente que pessoas mais bem preparadas podem evitar perdas astronômicas.

Como dizia Henry Ford: "Pior do que treinar um funcionário e ver ele sair é não treinar e ver ele ficar".

E você? Tem treinado seu time?

## ENGRAVIDAR PELO OUVIDO

Já ouviu a expressão "Engravidar pelo ouvido"? Significa você agir ou tomar partido numa situação difícil apenas tendo ouvido poucas pessoas. Ou, no popular, acreditar em tudo que ouve.

Pode parecer estranho, mas a gente vive engravidando pelo ouvido. Quanto mais você confia na fonte da informação, mais acredita no que ela está falando, sem conferir os fatos. E precisa ser assim. Se formos checar cada frase que ouvimos, a gente não sai do lugar.

Eu, um otimista incorrigível, me emprenhei pelo ouvido. Minha amiga Ana Paula Serra me manda informação lá de Nashville, Tennessee, sobre o comportamento dos americanos na pandemia. Ela é uma das fontes mais confiáveis que tenho. Quando trabalhávamos juntos, na Nissan, ela mudou o jeito como trabalho ao me mostrar como pensam os americanos. Escrevia e-mails para brasileiros, não para alguém com outra cultura.

De acordo com ela, as pessoas estão rapidamente voltando aos velhos hábitos quanto mais pessoas são vacinadas. Um em cada três americanos já recebeu a vacina. Deve dar um "barato" coletivo, sensação de que estamos salvos. A gente relaxa e, quando vê, retoma a vida normal.

Depois de um ano de sofrimento, espero que seja isso que ocorra no Brasil. Está na hora de pararmos de trocar ministros e realmente resolver nosso problema.

E você? O que acha?

## BRIGA DE IRMÃOS: BK PROVOCANDO DE NOVO....

Lá vem o Burger King provocar o McDonald's de novo! Ah, o BK! Sempre provocando... Parecem dois irmãos, sempre se estapeando.

O McDonald's, como um irmão mais velho, nunca responde. Posicionamento correto: de líder. Aliás, responde, sim. Não com provocações, mas com ações. Só nos últimos meses, virou loja virtual nos games Minecraft e The Sims 4 e fez a melhor ação do BBB deste ano.

O comercial do BK, por outro lado, continua gerando a rivalidade que só é boa para os dois. Qual sanduíche é melhor? Ninguém se lembra da pizza, coitadinha dela... Os pais, desesperados, nunca se lembram dos filhos que não brigam.

Acontece que meus alunos estavam falando de Customer Experience, ou a preocupação das empresas em oferecer a melhor experiência de compra. E ao ver esse comercial me bateu uma puta dúvida: se um dos fatores de uma boa experiência é o envolvimento emocional, no longo prazo qual o melhor caminho, a melhor estratégia? Trabalhar a criança e a família, como parece ser a linha do McDonald's, ou brigar pela atenção do adolescente e do jovem rebelde, sendo provocativo como o BK?

E você? Em qual linha apostaria?

ESCANEIE E VEJA MAIS:

## SENTINDO-SE UM RATO

O algoritmo do YouTube sabe de tudo! João Anacleto, amigo jornalista com um programa na internet seguido por milhares de pessoas, me disse isso e eu fiquei encanado.

Não é novidade que os programas estão migrando dos canais de TV para a internet, certo? Você mais do que sabe que no antigo modelo alguém decidia o que passar ou não no ar. O jornalista chegava na redação e o redator dizia:

— Você vai fazer uma matéria sobre a queda do real!

— De novo?

Não adiantava reclamar. O chefe é quem mandava.

Pois essa é a sensação que tirei da frase do João. O algoritmo é o novo editor. Ele decide o que vai pro ar e como. "Você colocou seu conteúdo aqui no YouTube, mas copiou no Facebook? Vou diminuir sua audiência... O conteúdo é só meu? Aí vão mais alguns internautas... Seu conteúdo tem palavras que atraem as pessoas? Vou exibir mais..."

Sempre tive a sensação de liberdade quando pensava nas novas plataformas. Você gravaria, faria o upload e pronto! Sua mensagem disponível para todo o mundo. Sem censura! Puro engano.

Talvez estejamos mais próximos do ratinho branco de laboratório, perdido no labirinto. À medida que ele vai achando a saída, o vai mudando o caminho. O ratinho não sabe, mas o cientista vai ficando mais inteligente...

Será que é isso que está ocorrendo?

## ONDE FORAM PARAR AS PILHAS MESMO?

Escrevendo sobre Rayovac *versus* Duracell, me lembrei de como fico toda vez que preciso jogar fora uma pilha usada. Nunca sei direito o que fazer, pois, pra mim, esse é um lixo que vai ficar por aí poluindo por anos e anos, como ocorre com as escovas de dente.

A indústria de baterias tem deixado um rastro de poluição enorme. No Brasil, anualmente são mais de 800 milhões de pilhas vendidas e jogadas fora. Como quase tudo relativo a reciclagem por aqui, os índices são baixíssimos. Vale dizer que pilhas comuns podem, legalmente, ser devolvidas em qualquer lugar que as venda. Que deveriam ter, por lei, uma forma correta de descartá-las. Já viu isso em alguma banca de jornal? Ou em loja de conveniência?

Esse é um real problema de poluição e imagem. Tanto a Duracell quanto a Rayovac estampam seus programas de reciclagem na capa dos seus sites. E é aí que mora o dilema: onde termina o legal e começa o moral? Legalmente, elas seriam responsáveis pela reciclagem. Moralmente, estampar o programa, que é lei, faz delas melhores empresas, preocupadas com o meio ambiente.

Não sei você, mas vou descartar minhas pilhas na farmácia mais próxima da minha casa. E torcer para que o processo funcione. Pior vai ser quando for jogar fora as baterias do carro elétrico que ainda vou ter um dia...

## SILVIO SANTOS *VERSUS* GLOBO:
## O INÍCIO DE TUDO

Em 2001, Silvio Santos e a Rede Globo brigaram pela posse do programa *Big Brother*. Ganhou a Globo, e o Silvio, esperto como ele só, lançou um programa igual, só que com famosos como participantes, chamado *Casa dos Artistas*. Sucesso imediato e muita briga na Justiça. A Globo tirava o programa do ar, Silvio voltava a transmitir, via liminares. No final, recorde de audiência no último programa, com o SBT em 1º lugar durante toda a noite.

Aquela foi uma noite especial para mim e para a Fiat. Lançamos o Doblò na *Casa dos Artistas*, que virou tema de conversa entre os participantes e o Silvio, e o carro se tornou um sucesso do dia para a noite. Ali nascia a montadora dos reality shows, e o BBB também passou a ser patrocinado por ela.

Vinte anos depois, ontem foi dia de prova no BBB. Com direito à presença do modelo Mobi Trekking. Essa interferência de anunciantes dentro de programas, conhecida no Brasil como merchandising, não é uma coisa nova. Cada vez fica mais forte, pois o número de distrações tem aumentado ainda mais durante os intervalos. Ou vai me dizer que você não olha seu celular durante os comerciais?

Aos poucos, a linha divisória entre propaganda e programa está desaparecendo.

E você? Acha isso bom ou ruim?

## *BYE-BYE* WALMART

Depois de um final de ano desastroso, o Carrefour balança a poeira e dá a volta por cima ao anunciar a compra do BIG, rede de supermercados que substituiu o Walmart no Brasil. Estamos vendo aqui o mesmo fenômeno de concentração de marcas que acontece com a Localiza e suas concorrentes.

Para entender melhor: o Walmart desistiu do Brasil. Cansou de perder dinheiro. Vendeu 80% da rede em 2018 para um fundo de investimentos, que mudou o nome das lojas para BIG. Menos de três anos depois, desiste de novo, convence o sócio e vende, de novo. Devem ter perdido dinheiro, pois receberam R$ 7,5 bilhões por um negócio que, na avaliação do presidente do Carrefour, valeria quase R$ 20 bilhões, se eles fossem abrir as lojas do zero. Se soubesse que era tão barato, eu teria comprado.

Restaram as francesas no jogo: Pão de Açúcar e Carrefour. O que demonstra que os franceses entendem melhor o Brasil que os americanos. E o que elas têm em comum? Abílio Diniz, talvez o cara que mais conhece de supermercados no nosso país. Ele era presidente do GPA, quando essa rede era a maior do Brasil. Agora é um dos donos do Carrefour, novo líder brasileiro.

A conquista pode ser considerada um prêmio para quem fechou o ano com uma morte em Porto Alegre.

É, o mundo dos negócios é rápido demais...

## FURANDO FILA NA QUARENTENA

O avião pousa, fingindo ter problemas para continuar a viagem. Um jovem casal desce e se dirige ao centro médico. Lá, se apresentam como funcionários do hotel local e tomam suas doses da vacina contra a covid. Saem e pegam um táxi para o aeroporto. Magicamente, os problemas do avião se resolvem e eles levantam voo imediatamente.

Em que cidade do Brasil esses milionários furaram a fila da vacinação? Nenhuma. Foi no Canadá, onde o executivo Rod Baker e sua esposa viajaram para Beaver Creek, uma reserva indígena, para fugir dos riscos da pandemia.

Pessoas desrespeitando filas de vacinação estão aparecendo no mundo todo. Nos Estados Unidos, são vários os casos de revolta contra políticos usando o cargo para se vacinar. Não precisa pesquisar muito para achar exemplos também na Europa.

Aqui, vemos vários roubos de vacina acontecendo. Ladrão busca alto lucro com baixo risco. E assaltar postos de vacinação é fácil. Interessante ver que a dose já tem preço no mercado negro. Fui tomar um coco e o vendedor, vendo a notícia na TV, comentou: 20 mil reais.

O real problema não está no assaltante. Enquanto houver quem pague pela dose, seja pegando um avião ou se vacinando num posto clandestino, todos seremos lembrados de um lado sombrio da natureza humana.

E você? Já se vacinou?

## COMEÇAR DE NOVO

Andando no bairro às 7h da manhã, passei por uma feira livre sendo montada e fiquei pensando como a vida entra na rotina e a gente não percebe. Todo dia, o feirante acorda de madrugada, pega sua kombi, passa "numa Ceasa" para se abastecer e segue para uma região diferente da cidade, onde monta sua barraca. Todo dia, as pessoas vêm fazer as compras e as frases se repetem "tudo fresquinho, freguesa", "um por cinco, três por dez". Todo dia, a feira termina na xepa e o feirante desmonta a barraca e volta pra casa na sua kombi.

A vida é um ciclo que se repete e a gente acaba não percebendo. Precisa ser assim, pois, se fôssemos pensar em cada ato que fazemos, seria impossível até sair da cama. "Coloco primeiro o pé esquerdo ou o direito?", "Escovo os dentes ou arrumo a cama?". Entrar no módulo automático ajuda. A mente fica livre para pensamentos mais importantes, enquanto o corpo age quase por inércia.

Precisa um vírus aparecer, um navio encalhar ou uma tragédia acontecer para que a gente questione o nosso dia a dia. A mudança vem, normalmente, de forma imposta. E nos obriga a pensar novamente em cada ato. "Cadê minha máscara?", "Lavei as mãos?", "Em qual aplicativo vai ser a reunião?" De repente, a novidade vira rotina.

E aí? Qual nova rotina você colocou na sua vida?

## ALGUMA COISA ACONTECE NO MEU CORAÇÃO

Olhando do jeito certo, a gente consegue entender uma cidade a partir de sua principal avenida. Pessoas, cultura, moda, economia, tudo presente em poucos quilômetros. Em São Paulo não poderia ser diferente. A Avenida Paulista é a tradução da capital econômica do Brasil.

Como migrante, não me canso de admirá-la. Amo a Av. Afonso Pena, a Paulista de Belo Horizonte, mas nada se compara aos 2.537 metros da Paulista original. Como moro perto, minha defesa contra ficar louco com a covid é pedalar diariamente observando os prédios fechados às 7 da manhã. Máscara, nenhum contato e muita atenção aos detalhes.

Ela me conta muita coisa: sei que estou na capital brasileira das finanças só em contar 36 agências bancárias em sua extensão. Uma agência a cada 70 metros! Dá até para adivinhar a estratégia dos bancos Itaú e Bradesco, que disputam ali a liderança: 9 x 8 pro Itaú.

Às 7, pouca coisa está aberta. As 13 drogarias, com certeza. Se quantidade de farmácias significar doença, temos aqui um sinal de perigo. Mas perigo mesmo é entender que temos mais remédios que livros nos dois quilômetros e meio da avenida. Como fã de leitura, não me conformo em perder essa disputa. São quase duas farmácias para cada livraria.

Ainda assim, a Paulista respira saúde. Parece me dizer: calma, isso tudo vai passar...

## VOLTSWAGEN

Lógico que o tema de hoje será o novo nome da VW nos Estados Unidos. Vários amigos me mandaram notícias, perguntando se era mesmo verdade. Antes mesmo que eu descobrisse, a Volks informou que era 1º de abril. No dia 29? Vai entender...

Mentira ou não, a ideia é genial. O criativo que olhou pra Volkswagen e viu que trocando somente uma letra, o K pelo T, a marca conseguiria passar todo o conceito do que esperam para o futuro merece o salário dobrado este mês. Voltswagen como sinônimo de carro elétrico? Nunca me passou pela cabeça. E eu me achava criativo...

Mas o que mais me impressionou foram dois detalhes: primeiro, que hoje as empresas precisam reagir rápido às redes sociais. Se a VW queria testar algo, não deu tempo nem pra pensar. Tornou-se viral e saiu do controle. Precisaram desmentir rápido. Tipo a mudança do avatar da Amazon, que não durou um dia.

Segundo, que os meios de comunicação ainda não aprenderam a administrar a internet. De manhã, todos deram como certa a mudança. À tarde, alguns reescreveram suas matérias, fingindo que não haviam caído na pegadinha. Como se dissessem "eu já sabia". #sqn.

A Hyundai não lançou a Ionic? Ninguém criticou... Se eu fosse a VW, lançava a Voltswagen. No mínimo, pode ser um ótimo apelido.

E você? Também gostou?

## VOLKS E O 1º DE ABRIL

Sem falsa modéstia, de comerciais polêmicos eu entendo. Um animalzinho simpático, o Pônei Maldito, gerou muitas vendas para a Nissan. Me orgulho. A estratégia era gerar barulho. Você cria polêmica quando ações normais não trazem o resultado esperado.

Portanto, vou fazer uma nova análise da Voltswagen, tentando responder ao meu amigo, Sergio Quintanilha, se vale tudo no marketing. Ele levantou um ponto importante. Os jornalistas que deram a notícia como verdade estão se sentindo usados. A VW confirmou a história, pra depois falar que era um 1º de abril antecipado. O problema? Mexeram com o fator mais importante do jornalismo, a credibilidade. Fica mais difícil acreditar na alemã, mas também no jornalista. "Como assim, ele não checou a fonte?" pode ser o pensamento do leitor.

Nada na VW acontece sem aprovação da matriz. Deveria ser assim. No caso, o release, a declaração do presidente e a confirmação telefônica dos assessores me dizem que o plano era esse mesmo. Por que ela precisa de polêmica, se disputa a liderança mundial com a Toyota?

Porque ela está longe de ser lembrada na área dos elétricos, onde a líder é a Tesla. Menor, mas muito mais valiosa. Eles precisam partir pra briga pra diminuir a distância. E foram.

Será? Caiu, caiu, 1º de abril!

## AS NOVAS MASCOTES TECNOLÓGICAS

Ano passado nasceu o CB. Para quem não sabe, este é o novo nome da mascote das Casas Bahia. Desculpe. Mascote, não. Ele vai ficar ofendido. Influencer digital. Ele é uma espécie de irmão mais novo da Lu, a influencer do Magazine Luiza, que este ano vai poder tirar carteira, pois faz 18 anos. Mas por que essas empresas estão dando vida a esses personagens?

Simples. Evolução das marcas. Já teve tempo em que só estar no mercado bastaria pra você vender. A concorrência aumenta, e aí surgem os posicionamentos: Omo lava mais branco, Se é Bayer é bom. O mercado amadurece e surgem os propósitos de marca: a Natura e sua preocupação com o meio ambiente são um ótimo exemplo...

Lógico que a evolução não para por aí. As redes sociais criam a necessidade de as marcas conversarem com os consumidores. Não dá pra fingir que você não está nem aí quando posta uma foto de um lançamento e alguém escreve *marca lixo* nos comentários. O tempo de ficar quieto como uma múmia acabou.

Daí a humanizar as marcas é um passo. A Lu já falou de assédio sexual, já foi a eventos e vive ensinando as pessoas a usar os produtos. O CB ainda está aprendendo, mas vai chegar lá. Daqui a pouco, estarão fazendo lives!

Na dúvida, já virei amigo deles no Facebook.

E você? Que outro exemplo conhece?

## OTIMISTAS OU PESSIMISTAS?

A gente vive numa corda bamba, pronta pra arrebentar, e não percebe. Ou finge que não. Já não bastasse o coronavírus, que nos fez parar por causa de um bichinho invisível a olho nu, de tão minúsculo, alguém lá em cima pegou o maior de todos os navios e o atravessou no Canal de Suez. Pra ter certeza de que a gente ia entender o recado. Pronto. Até os cegos viram.

Claro que isso aí é uma metáfora. Tem de ser! A gente acorda, vai pra todo lado, sempre pensando que tudo vai dar certo. É da natureza humana. Somos eternos otimistas. De vez em quando algo de errado acontece.

Mas por que somos otimistas? Uai, temos todos os motivos. Dá pra enumerar o tanto de coisa que funciona bem no dia a dia. Quer um exemplo? Avião levanta e pousa o tempo todo. Mas basta uma turbulência para os pessimistas de plantão assumirem as rédeas.

Nestes dias não é diferente. Vemos o debate entre pessimistas e otimistas. Aumentou o número de mortes! Aumentou o número de vacinas! O mercado está piorando! O comércio eletrônico cresceu cinco anos em um! Sempre tem gente pra defender cada um dos lados.

Eu, da minha parte, vou ser sempre otimista. Encalhou? Encalhou. Mas bastaram seis dias pra desencalhar aquele trem imenso!

E você? O que pensa?

## MAIS UMA MASCOTE VIRTUAL NO PEDAÇO

Parece que a Lu, do Magazine Luiza, se tornou referência de comportamento das marcas na internet. Além de ser a mais antiga *brand persona* o nome dessas personagens que representam marcas nas redes sociais, suas ações são exemplo para outras que entram atrasadas nesse jogo.

Primeiro a Casas Bahia modernizou o Baianinho e o transformou num adolescente, o CB. Brilhante contraponto ao perfil da Lu. Mais novo e tecnológico, precisa criar intimidade com o consumidor, o que deve acontecer com o tempo.

Agora é a Bia, do Bradesco. Segue os passos da personagem da Magalu e, com uma campanha publicitária de peso, passa a não aceitar os 95 mil assédios sexuais e morais que recebe todo ano. Não vai mais responder com palavras evasivas. Vai se posicionar fortemente, respondendo à altura. Adorei. Mas isso a Lu já havia feito três anos atrás, quando denunciou o assédio e questionou: "Se é assim com uma máquina, imagina o que as mulheres de verdade sofrem...". A única questão na postura inovadora da Lu é que não tem feito barulho suficiente pra deixar sua marca para o público em geral. Reage, Lu!

De toda forma, aparece um novo mundo competitivo: o dos personagens virtuais que representam marcas. Competem pela atenção, independentemente do que vendem.

E você? Pronto para conversar com eles?

## A CÉSAR O QUE É DE CÉSAR

Imagine a cena: dois amigos se encontram numa rua de Roma, durante o Império Romano, e começam a conversar sobre amenidades.

— Você viu? O imperador César vai proibir as lutas de gladiadores...

— Como assim? O imperador está louco?

— Ele disse que tem muitas mortes, muito sangue. E a sociedade precisa evoluir.

— Acho isso um absurdo. O mundo está ficando cada vez mais chato...

Não sei você, mas para mim essas lutas mortais não fazem falta. Assim como o boxe sem luvas e sem rounds, em que muitas vezes o pugilista morria no ringue. Ou mesmo as touradas. Elas acabaram, e nem por isso eu reclamo.

Pois essa é a discussão, para mim, em torno do politicamente correto. Tem gente que sente falta das brincadeiras racistas, da liberdade de fazer bullying, do assédio como um simples passo do relacionamento humano. Isso tudo pertence a uma sociedade ultrapassada.

O mundo está ficando mais chato? Não, só diferente. Essa discussão talvez não faça sentido daqui a 50 anos. Outras questões serão a bola da vez.

Sente falta do humor dos Trapalhões? Eu também sinto, pois cresci assistindo ao programa e aos filmes deles. Mas consigo rir dos novos humoristas, menos incorretos. E fico mais feliz, pensando que ninguém se sente ofendido.

O sangue dos gladiadores não faz falta na minha vida.

E você? O que pensa?

## PENSE ANTES DE CANCELAR SEU PRÓXIMO PEDIDO

Treze das montadoras instaladas no Brasil pararam suas fábricas. Estamos falando de não produzir 330 mil carros, mais de 10% da venda do ano. Para piorar, uma fábrica de chips pegou fogo no Japão, e, de um dia para o outro, ficamos sem 30% da produção mundial. Um novo tsunami. Este foi constituído, em vez de água, de fogo.

De todas as explicações, a falta de chips é a mais séria. Você não consegue hoje em dia montar nenhum carro sem eles. Não dá pra instalar depois, como se fôssemos trocar um pneu furado. Aí a linha de produção tem que parar pra esperar sua chegada.

Voltando para o ano passado, a gente descobre o início de tudo. Com a pandemia, a indústria automobilística suspendeu suas compras. Do outro lado, as fábricas de computadores e TVs aumentaram os pedidos. As pessoas, em casa por causa da covid, passaram a trocar seus aparelhos eletrônicos.

As fábricas de chips passaram a produzir o que tinham demanda. O mercado de automóveis reaqueceu, mas as fábricas já estavam ocupadas, produzindo outros tipos de chips. Demanda em excesso? As vendas correm para quem paga mais...

Vai faltar carro, o preço vai subir. Mas o principal efeito é percebermos como é frágil o equilíbrio entre tudo o que a gente faz. Seja na vida pessoal, seja na das empresas.

E você? Como tem se equilibrado?

## CADA VEZ MAIS ESTRANHOS

Propaganda quando é boa é boa mesmo.

Esse carrinho aí, meio estranho, é o elétrico que a Citroën está lançando. Na Europa. Sabe aqueles carros que as montadoras criam que se parecem mais um ensaio de design? Esse AMI tem tudo que um deles deveria ter.

Tem autonomia de 75 km. Suficiente para o dia a dia no trânsito de uma cidade como Paris. Criado para ser barato, custa SÓ o equivalente a R$ 34 mil. Suas peças são intercambiáveis. O para-choque e a grade dianteiros são a mesma peça usada na traseira. E a porta também. A do passageiro abre normal, a do motorista, ao contrário.

Vai chamar a atenção para a marca em todos os lugares que passar. Aliás, dirigido por adolescentes, pois na Europa ele é considerado um quadriciclo. Então não precisa de carteira. Mas também não passa de 50 km/h.

Mas o melhor do AMI é a franqueza da sua propaganda de lançamento. Assumir que o designer deve ter errado é a capacidade de rir de si mesmo que só as grandes empresas podem se dar ao luxo.

Não virá para o Brasil, com certeza. Seria até interessante poder alugar um desses nessas empresas de compartilhamento. Mas, se estamos atrasados nos híbridos, imagina num elétrico para duas pessoas...

Agora é esperar o fim da pandemia e ir ver esse trem do outro lado do oceano. A curiosidade agradece.

ESCANEIE E VEJA MAIS:

## UM CARRO PELO PREÇO DE UMA MOTO

Veja só você! Depois de eu ter falado sobre a campanha do Citroën AMI, vem o Vincent Cobée e posta a característica mais divertida desse carro elétrico: as portas que abrem cada uma para um lado. Aí não teve jeito. Postei de novo!

Eles fizeram isso para deixar o AMI mais barato. Uma só prensa produz portas para os dois lados. Esse jeito de abrir do lado do motorista já foi comum nos primeiros carros produzidos no século XX. No Brasil, a DKW, que virou Audi, abria a porta assim nos idos de 1960. O nome desse formato é *porta suicida*. Nem preciso explicar o porquê, né?

Meu amigo Ricardo Monteiro me escreve para dizer que o carro é um sucesso na Europa. Vende que nem pão de queijo... E explica a mágica. A montadora acertou a receita. O carro custa entre uma moto e um modelo de entrada, como o Renault Clio. Mais seguro que a moto, mais barato que um carro? E pode ser dirigido a partir dos 14? Os pais adoraram. Passaram a comprar para os filhos se locomoverem.

Do outro lado, o jovem deve pirar. Ganha um meio de transporte que, além de tudo, é superdescolado. É elétrico, fala com seu lado sustentável. É diferente, conversa com seu lado revolucionário. Quanto mais alguém chamar o carro de estranho, mais o adolescente vai se identificar com ele.

Já decidi. Quero um AMI! E você?

## O TEMPO NÃO PARA

Deu menos bafafá nas conversas o lançamento do Google Timelapse do que deveria dar. Talvez você ainda não saiba, mas o Google lançou uma nova aplicação em que é possível ver as mudanças ocorrendo na superfície da Terra nos últimos 37 anos. Imagine ver um filme de seu filho nascendo em 1984 e se transformando na sua frente até virar um adulto completo. É isso que ele faz.

É muito legal assistir ao nascimento de uma cidade, às mudanças que isso provoca. Mas assusta ver as geleiras desaparecendo e a floresta Amazônica sendo substituída por fazendas. Acende todas as luzes de alerta no seu lado sustentável.

O recurso é fantástico. De acordo com o Google, eles usaram 24 milhões de fotos de satélite para fazer o aplicativo. Tá doido! Já fico perdido nas quase 7 mil fotos que tenho no meu iPhone... Isso sem falar que eles tiveram que tirar todas as nuvens das imagens. Deu trabalho, não foi?

O mais importante, não vi ninguém comentando. O Timelapse expõe o efeito do tempo sobre a nossa vida e o que conhecemos. Fico com medo do dia em que inventarem um jeito de pegar seis ou sete fotos minhas e mostrar como cresci e envelheci.

Aí vai se materializar a minha fragilidade. E isso vai me assustar muito.

E você? Já pensou a respeito disso?

ESCANEIE E VEJA MAIS:

## NUNCA MAIS VOCÊ VAI COMPARTILHAR SUA SENHA

Você conhece alguém que compartilha a senha da Netflix? Sabe? Assiste de graça porque tem o login e a senha de outra pessoa? Avisa que a mamata pode acabar, pois eles estão testando uma forma de evitar isso.

Acontece que nos Estados Unidos, onde eles têm 66 milhões dos quase 204 milhões de assinantes do mundo, esse compartilhamento é uma coisa normal. Se por lá é, imagine no mundo inteiro! Netflix quer acabar com essa farra do boi, adicionando uma senha de dois passos. Você liga e eles mandam outra senha pro seu celular, pra confirmar que você é você.

Em 2020, faturaram mais de seis bilhões de dólares. Nem sei o que isso significa, mas deve ser muito dinheiro. Se a moda pega, daqui a pouco os gatonets aqui do Brasil podem querer fazer a mesma coisa. Lembro-me de um conhecido que tinha uma TV a cabo pirata e foi descoberto pela NET. Eles foram atrás dele cobrar dois anos de assinatura. Até hoje tem trauma quando fala do assunto. Mas trocou de gatonet e está feliz da vida. Será que a Netflix dele também é "emprestada"?

Empresas de streaming são uma realidade relativamente nova. E, como tudo novo, ainda vão evoluir muito. Espero que a maior evolução seja na diminuição do preço. Aí, talvez, todo mundo queira ter sua própria assinatura.

E você? O que anda compartilhando?

## VIVENDO NO LIMITE

No sábado, dois amigos deram tchau para suas esposas, entraram num Tesla S para fazer um teste e não retornaram para terminar seu jantar. Morreram numa curva da estrada, quando o carro saiu reto em alta velocidade, bateu numa árvore e pegou fogo.

Seria mais um acidente de carro, não fosse um detalhe: nenhum deles estava ao volante. O carro estava no modo Autopilot, quando acelera, freia e faz curvas sozinho. É o sonho de muita gente: ter um carro que não precisa de motorista. Só que, como a própria montadora diz, ele faz isso tudo, mas ainda precisa de um motorista atento pronto para agir em caso de emergência.

Muitos se esquecem de que ainda estamos na pré-história dos carros autônomos. Até outro dia, mal sabiam encostar numa vaga por conta própria. E isso era mostrado em comerciais como uma revolução. Agora muitos quase andam sozinhos, as pessoas se empolgam e vão até o limite. Umas ultrapassam. E morrem.

O acidente já gerou debates nos Estados Unidos, onde aconteceu. Precisamos lembrar que o ser humano nasceu para testar seus limites. Não estaríamos onde estamos se milhares não houvessem morrido tentando atravessar os oceanos, se alguns corajosos não voassem em direção ao espaço, mesmo com risco de morte.

Só que morrer dando uma voltinha é um pouco demais, não acha?

## UM MUNDO SEM PLÁSTICO NÃO EXISTE

Gaste um minuto comigo. Tente achar algo na sua vida que não tenha plástico. Ah! Você está com uma garrafa long neck na mão? De vidro? E cerveja não é de plástico. Mas, dentro da tampinha, o que tem? Ah! Seu almoço. Prato de louça, talheres de prata. E na panela que usou, tem Teflon? E o cabo, de que é?

Se você se esforçar, vai acabar encontrando algo. Mas vai ser a exceção. Impossível pensar na vida sem o plástico. Pode até tentar, mas ele está em tudo. É um dos materiais mais revolucionários que conheço.

Do mesmo jeito que tornou possível a existência de vários objetos que temos hoje, sua invenção trouxe um problema para a sociedade. É altamente poluente, pois uma de suas maiores características é ser muito resistente. Torna a vida mais fácil de um lado, devido à sua praticidade. E, de outro, mais miserável, devido à poluição e seus efeitos.

O plástico entrou no nosso dia a dia há pouco mais de 100 anos. Era uma época pouco preocupada com a sustentabilidade. Talvez por isso a maior busca fosse por durabilidade, sem se preocupar com os efeitos colaterais.

Agora tudo mudou. E começam a aparecer iniciativas importantes, como essa da Coca-Cola, que usa garrafas PET recicladas na distribuição da água Crystal.

Que bom! O futuro pode ser diferente.

E você? Já reciclou hoje?

## VOCÊ JÁ ESTÁ PREPARADE PARA O FUTURO?

Ninguém consegue parar um rio. Você coloca a mão na frente e ele passa por entre os dedos, cria uma represa e transborda. Foi nisso que pensei assistindo ao BBB.

Tiago Leifert apresentou um quadro mostrando que os Brothers ou são ou vão virar influencers. Juliette, que ao entrar tinha 100 mil seguidores no Instagram, já está atingindo 22 milhões, quase meia Anitta. O poder de transformação do programa é indiscutível.

O quadro se chamou *Vida de Blogueires*. Com E. Esse é o rio a que me refiro. O respeito à diversidade está chegando à língua portuguesa. Lembram quando Dilma discursava "Brasileiros e brasileiras"? Já era indício de que mulheres não se sentem representadas por palavras masculinas. E a gente tirava sarro da presidente. Ou seria presidenta?

Enquanto isso, na Assembleia Legislativa de São Paulo, existe um projeto de lei que tenta proibir propagandas que mostrem casais do mesmo sexo, por causa das crianças. Isso é educação ou discriminação?

A TV reflete sempre a maturidade de um povo. Nunca dita a tendência. Pode até estar na crista da onda, não à frente. A Rede Globo começar a usar linguagem neutra pode parecer estranho. Principalmente para quem cresceu num mundo machista. Mas é um sinal de que a mudança é irreversível.

E você? *Preparade* pra isso?

## NEM EU ME RECONHEÇO MAIS

Se tem uma marca que acompanho com carinho, essa é Dove. Nem era fabricado no Brasil e já achava fantástica a sua história, contada nos livros do publicitário David Ogilvy. A marca virou o que virou porque sempre soube falar direto com seus consumidores, desde a época em que um quarto de creme umectante era diferencial suficiente.

Agora, a Unilever americana lança uma nova comunicação que mantém a linha iniciada nos anos 2000, mas que atualiza a questão do que é a beleza: o Projeto Autoestima. Resumindo, a discussão é em cima dos efeitos que os aplicativos fazem no rosto das pessoas e como isso afeta negativamente a autoestima das adolescentes.

O comercial mostra uma dessas mudanças ao contrário: do comentário numa foto de uma mulher chamando-a de maravilhosa, até a real adolescente por trás da imagem. Vale o minuto de atenção.

Mas vale mais o pensamento e a discussão do que essa facilidade de retocar imagens nos apps vai fazer com a autoestima das novas gerações. Pode chegar um momento em que vamos cruzar com conhecidos na rua e não vamos reconhecê-los sem os efeitos especiais. No mínimo seria estranho...

Acho que vou parar de postar minha foto com olho azul...

E você, o que pensa?

## A NOVA GERAÇÃO DE YOUTUBERS

Conhece Gabriel Dearo? E Camila Pudim? Talvez se falar Falai-Dearo ou Batom Atrevido fique mais fácil. Não? Então está escrito velho na sua testa. Eles são exemplos da nova geração de artistas que estão surgindo. Na TV? Não, no YouTube.

Camila Pudim iniciou fazendo vídeos de maquiagem em 2012 e já tem quase 5 milhões de seguidores, fora os 7 milhões no TikTok. Gabriel acumula, desde 2011, mais de 10 milhões de seguidores nos canais que tem no YT. Dá pra ficar horas vendo seus vídeos, pois o que não falta é criatividade.

Lógico que descobri esses e outros tantos youtubers por causa da minha filha de 8 anos. E aqui está o comentário que quero fazer. Nem TV, nem internet. O que realmente existe hoje é a *experiência de tela*. O acesso ao conteúdo mudou completamente. Além da forma de se contar uma história.

Se na TV as histórias têm começo, meio e fim e você precisa pesquisar sobre o que quer assistir, a nova geração consome conteúdo sem se preocupar com a busca. O YT oferece opções de acordo com seu gosto. Não gostou? Para e pula pro próximo.

Vai influenciar o jeito de ver o mundo. E provocar uma agilidade de pensamento diferente das anteriores. Talvez, também, uma enorme velocidade para trocar de foco.

A mudança está apenas começando. Quero ver isso daqui a 100 anos...

## AMAZON VAI ENTRAR NA SUA CASA SEM NEM BATER NA PORTA

Diga pra mim, em sã consciência: você deixa algum desconhecido entrar na sua casa quando não está presente? Creio que a maioria das pessoas vai responder que não. Pois o serviço Key by Amazon aposta no caminho contrário.

A Amazon expandiu seu serviço de entrega para cinco mil cidades. Considerando que ela já entrega compras no porta-malas dos automóveis de milhares de clientes, o que dá para concluir é que as pessoas valorizam mais a comodidade do que a privacidade.

Lógico que os serviços vêm cercados de todos os cuidados: só vale para clientes AmazonPrime, você tem que ter instalado um app com uma fechadura especial, e existe uma forma de assistir à entrega on-line, para os mais reticentes. Você chega e suas compras estão guardadas, inclusive, na sua geladeira.

A expansão para as 5 mil cidades só aconteceu depois de um teste de quase dois anos em poucas localidades. Devem ter aprendido todos os tipos de problema que podem acontecer.

Com câmera por todos os lugares e serviços como esse, somos todos treinados a abrir mão aos poucos de nossa privacidade. Esse serviço reforça minha visão de que, no futuro, isso será um conceito ultrapassado. Nossa vida será um livro aberto.

## OUVIR E NÃO ENTENDER

Abasteço meu carro. Pago no cartão. O frentista pergunta:
— Quer comprovante?
— Não preci... — Tarde demais. Ele já imprimiu.
Peço nota fiscal. Ele junta com o comprovante que não pedi. Falo:
— Não precisa grampe... — Tarde demais.
Tiro o grampo e jogo fora no lixo, junto com o comprovante. Na frente dele. Que parece nem ver o que estou fazendo. Já está se preparando para atender outro cliente.

O trabalho do frentista é repetitivo, eu sei. Mas não sei se esse é o problema. Penso quantas vezes a gente não escuta. Não sei se essa é, ou não, uma característica dos brasileiros. Mas percebo que ou a gente já está pensando na resposta, ou está agindo no modo automático.

Isso é um grande problema nos relacionamentos pessoais. No caso de empresas, é caso de vida ou morte. Quantas vezes você não pediu alguma coisa, pensando que foi claro, para receber um produto ou serviço completamente diferente? Perdi as contas.

Grande parte dos problemas de vendas surge na falta de entendimento das necessidades do consumidor. Lógico que isso é pior na área de serviços, quando a relação humana é fundamental. Vejo nos meus clientes da consultoria que isso vem dessa surdez básica: ouvir de verdade.

Como diz um amigo meu: temos dois ouvidos e uma boca para ouvir mais que falar.

E você? Sabe ouvir?

## ESTRATÉGIA É SABER O QUE NÃO VAI ACONTECER

Como você define estratégia? Como decide as coisas no dia a dia da sua empresa?

Dia agitado ontem. Fui visitar meu cliente da consultoria, o Roberto Faberge. Ele tem um grupo de concessionárias, que ajudei a expandir de 12 para 30 lojas, desde 2015. Crescimento impressionante, ainda mais no meio da crise do mercado automotivo, que só melhorou a partir de 2018.

Pois nosso papo girou em torno de estratégia. Sabe quando seu negócio cresce e você não se dá conta? Creio que esse é o problema de milhares de empreendedores. Os problemas mudam com o crescimento, mas você continua tomando as mesmas decisões. Precisa mudar o foco. E era isso que conversávamos.

Talvez, e foi isso que concluímos, o problema esteja em entender o que realmente ela significa. Quando decide sua estratégia, mais do que saber aonde vai chegar, você define aonde NÃO vai chegar. Se decide ir de São Paulo para o Rio de Janeiro, você não tem garantias de que vai chegar lá. Tudo pode acontecer no meio do caminho. A única certeza que você tem é que não chegará em Nova York, nem em Paris.

Definir uma estratégia é escolher o que você não vai fazer. A incerteza é uma constante na nossa vida. Quando decide por algo, na verdade está deixando de lado todo o resto.

E você? Como decide a estratégia da sua empresa?

## SUSTENTABILIDADE E MARKETING

Você com certeza viu a campanha de Nescau abolindo os canudos de plástico da sua versão pronta para beber. Talvez tenha visto também que nas latas da versão em pó existe um selo falando que ela é feita com material reciclado. São claramente sinais de que a Nestlé está comprometida com um futuro mais sustentável. Legal, né?

Só que a discussão aqui é outra. Até onde é marketing? Até onde é sustentabilidade? Nesse caso, não tenho dúvidas da seriedade da empresa, pois você encontra sua política no site corporativo. Mas no nosso mundo atual, fazer e não contar pra ninguém é o mesmo que não fazer. E, quando vira um fato comum, a gente abandona pela nova tendência do momento.

Exemplo? Olha a onda light, diet. Pensa nas embalagens. Estampavam essas palavras de forma imensa. Hoje, são só um detalhe, a ponto de você se confundir no ponto de vendas, se não prestar atenção.

Prefiro uma empresa que use a tendência no seu marketing, mas que faça algo, do que aquelas que fingem que não têm responsabilidade nenhuma a cumprir. Pelo menos estão fazendo algo. Mas sonho com o dia em que isso seja tão comum que não vire um diferencial para ninguém vender a mais.

E você? Prefere os produtos das empresas sustentáveis?

## O VERDADEIRO VENDEDOR TEM SÓ UM FOCO

O que é um bom atendimento ao consumidor? Por que você gostou do vendedor de picolés baiano e reclamou do frentista de São Paulo? Claudia Pregelj me manda essa pergunta e me faz parar um tempão para entender a diferença entre os dois.

Acho que, como todo mundo, gosto de ser bem tratado. Quando vou comprar algo, quero me sentir um rei. Talvez sejam meus momentos mais egoístas. O que significa dizer que são as MINHAS decisões que importam.

Quando o vendedor não responde à minha pergunta sobre se tem picolé de uva e se antecipa só falando quais sabores tem, está me permitindo ter o controle da compra. EU escolho se quero outro sabor ou se desisto de chupar um picolé. Quando o frentista grampeia na nota fiscal o recibo que não pedi, está centrado no que acha correto. O vendedor tem foco no que eu quero, o frentista no que ele acha correto.

A Laura Faberge, da Galeão Seguros, tem um exemplo que amo. Uma vez, sua vendedora se recusou a oferecer um seguro a um cliente Volvo, porque o preço era muito alto. Para ela. Laura ofereceu, o cliente fechou na hora. Estava barato. Para ele.

Esta é a diferença entre os dois vendedores: o foco. Se quer ter sucesso em vendas, esqueça você e mire no desejo do consumidor.

Não é mesmo, MEU REI?

## A MAIOR EMPRESA DO MUNDO JÁ NÃO É TÃO GRANDE ASSIM

Lembro-me de pensar, no final do século passado, que seria impossível existirem empresas maiores do que a American On Line e a Microsoft na área digital. Era o começo da internet, os computadores pessoais eram uma febre e todo mundo queria ter um com os dois programas instalados.

As duas empresas ficaram pelo caminho. O Google passou por cima da AOL, que nem conseguiu anotar a placa de quem a atropelou. A Microsoft ainda tem uma certa importância, mas sua liderança já foi colocada à prova há muito tempo. Hoje é possível ter um computador sem nenhum programa da empresa.

Agora vêm os tiros de misericórdia.

No caso da AOL, que já foi tão grande que valeu 200 milhões de dólares e chegou a comprar a TimeWarner, sua venda por 5 milhões deve doer. É bom lembrar que quem a comprou pagou o valor por ela mais o Yahoo: 2,5 cada uma... dói mesmo.

A Microsoft está indo bem sob o comando de Satya Nadella. Ressurgiu dos mortos e já é uma das líderes das nuvens. O tiro vem do divórcio de Bill Gates e Melinda, depois de 27 anos e uma fundação que faz a diferença no mundo. Faz pensar que nada é para sempre...

O que me consola é que agora existem a Amazon e a Apple. Estas, sim, impossível existirem empresas maiores do que elas...

E você? Já usou a internet discada?

## A SURPRESA DO BBB FOI NÃO TER SURPRESA

Até sei o que você pensou: aposto que o Murilo escreveu sobre o BBB hoje. Sinto te decepcionar... você acertou!!! Foi tão previsível quanto a Juliette ter ganhado essa edição.

Tenho amigos que não entendem por que gasto tempo com esse programa. Fácil: sou publicitário. Todas as comunicações de massa me interessam. São reflexos da sociedade. Se você não gosta, tem um motivo pra falar que ela está doente. Se gosta, relaxe e curta.

A 21ª edição do BBB foi dos extremos. Alta audiência, bateu 32% contra 8% do SBT transmitindo futebol. É ibope que a TV Globo não tem há muito tempo! E, no meio disso, gerou a polêmica da Karol Conká, oficialmente cancelada pelo público. Acontece que a Globo já cancelou o cancelamento. Ela já tem um documentário no Globoplay e ainda lançou música nova no programa. Tá bom ou quer mais?

Na edição também estreou a SUV da Fiat, que só chega ao mercado em outubro. Isso que é lançamento. Seis meses de espera para quem, como eu, amou o design. O mais longo breca-varejo que conheço. Quem quer um VW Nivus agora tem motivo para adiar a compra.

Só um fato diminuiu o brilho da noite: a morte do humorista Paulo Gustavo. É... A covid nos mostra o que realmente importa na vida.

Então, vamos viver! Semana que vem tem *No Limite*. Aguarde.

### QUANDO O MUNDO NÃO FAZ MAIS SENTIDO

Você vai parar numa prisão de segurança máxima. Sem nem contato com os carcereiros. Nem notícias do mundo exterior, a não ser um papo diário com alguém que filtra o que pode saber. Tem que trabalhar todo o tempo, em tarefas que te colocam contra os companheiros de cela. No dia em que vai ser solta, o carcereiro lhe diz:

— Você agora tem 24 milhões de seguidores no Instagram e um milhão e meio de reais na sua conta!!!

Sim! Estou falando da Juliette e do BBB. Juro que é a última vez...

Não dá pra imaginar os sentimentos da Juliette nestas últimas 24 horas. Deve ter sonhado com muita coisa, desde o dia em que se inscreveu. Mas a realidade pode ser muito mais perturbadora. Agora, deve se sentir bem e mal ao mesmo tempo.

O mais perto que cheguei desse sentimento foi quando fiquei viúvo. Simplesmente me desliguei do mundo. Passei um ano sem ver TV, jornal ou revista, sem acessar notícias na internet. Não tinha paciência. Só queria ouvir músicas e ficar preso nos meus pensamentos. Quando voltei aos poucos, tinha um buraco difícil de preencher. Famosos haviam morrido, acidentes ocorrido, filmes lançados, várias novidades que me faziam sentir como se tivesse passado uma temporada em Marte. Assustador.

No fim, você se acostuma. Mas fica o buraco.

Você. Como acha que se sentiria?

## ANA MARIA BRAGA, NÉ?

Assisti, na TV Globo, ao programa da Ana Maria Braga sobre a morte do humorista Paulo Gustavo. Muito emocionante. Só que minha atenção ficou presa no tanto de vezes que a apresentadora repete o caco "NÉ?" quando fala. Termina uma frase, fala "né?". Respira entre duas palavras, fala "né?". Muda de câmera, fala "né?". Cansativo, né?

Não é só a Ana Maria que tem esse vício de linguagem. Comece a reparar. Muitas pessoas usam isso como um ponto final ou uma vírgula. Não sei como surgem esses cacos linguísticos, mas depois que a gente acostuma, passa o tempo todo a falar.

O engraçado é que dá para reconhecer as tribos pelos cacos que usam. Meus alunos, com idade entre 20 e 24 anos, usam "tipo". É o tempo todo: tipo isso, tipo aquilo. Minha filha de 9 anos e seus amigos usam "mano". É mano pra tudo quanto é lado, no masculino. Não deveria ser "manE"? Todos esses vícios me parecem ter o mesmo motivo: ajudar quem está falando a organizar os pensamentos.

Eu mesmo uso o "né", de tempos em tempos. Mas vivo me policiando. Às vezes, o silêncio fala mais do que as palavras...

E você, mano, tipo assim, concorda comigo, né?

## VEM AÍ A NOVA LÍDER DE CARROS ELÉTRICOS

Adoro dizer isso: fazer uma estratégia é escolher o que você não vai fazer. Nossa atenção normalmente está voltada para as decisões que tomamos, mas igualmente importantes são aquelas que não escolhemos.

Sábado fui tomar café com meus amigos Abelardo Pinto e Tai Kawasaki, e, lógico, apareceu o tema mercado automobilístico. Abelardo fez uma afirmação interessante: certa está a Toyota que é líder no mercado dos carros híbridos, mas não tem nenhum elétrico. Por isso seria líder.

Realmente, inovação não garante liderança. Veja o caso do Nissan Leaf. No mercado desde 2010, foi atropelado por diversos concorrentes. Chegou primeiro, mas com baixa autonomia. Os interessados desistiam ao saber que o carro teria que parar para reabastecer, por oito horas, depois de cento e poucos quilômetros. A Tesla veio e criou um novo padrão. Muito mais caro, porém mais confiável.

Só que no Salão de Xangai, em abril, a Toyota revelou sua nova marca, a bZ, Beyond Zero, algo como além do zero. Pretende lançar 15 carros 100% elétricos até 2025. E é bom correr, se quiser continuar líder mundial.

Tão importante quanto decidir o que não fazer é parar de tempos em tempos para rever os planos. E mudá-los, se necessário. Aí, sim, você tem uma estratégia robusta.

E você? Pra que lado vai hoje?

## FIM DA RAÇA HUMANA?

Será que o ser humano está condenado a desaparecer da face da Terra?

Estava me preparando para as entrevistas dos candidatos da ESPM e deparei com uma entrevista do Yuval Harari, aquele do famoso livro *Homo sapiens*. O apresentador pergunta: "Daqui a cem anos, nos importaremos em ser felizes?". A resposta, dita em forma de pergunta, é: "Como serão os seres vivos daqui a cem anos?". Ele aposta que poderemos ser substituídos por ciborgues ou algo em que a inteligência artificial se instale. Uma evolução do ser humano, como a gente vê em filmes de ficção científica.

Aí me lembrei do livro *O planeta dos macacos*, de Pierre Boulle. Nele, o ser humano também perde a corrida pelo futuro, dominado pelos macacos que, se não se desenvolvem tão rápido quanto nós, com o tempo chegam ao mesmo nível. E até nos ultrapassam e dominam a Terra.

O astrofísico Neil deGrasse Tyson, numa palestra, lembra que a diferença do DNA do homem e do macaco é de apenas 1%. E fala da nossa evolução: "Chegamos às estrelas com apenas esse 1%!". Aí ele pergunta: "Como seria uma espécie com 1% de diferença a mais? Seríamos para eles como os macacos são para nós?".

Travei de medo. Acho que vou passar a assistir somente a filmes românticos...

## A CORRIDA DE ELON MUSK PARA DOMINAR A INTERNET

Com o lançamento de maio, já são mais de 1.600 satélites da Starlink voando no céu sobre nossas cabeças. Serão 12 mil, quando todo o mundo estará coberto por essa rede de internet de alta velocidade.

Tudo no projeto é grandioso. Primeiro, eles são levados ao espaço pelos foguetes Falcon Heavy, da SpaceX. Não são os primeiros a serem lançados, certo? Mas nunca se viram tantos lançamentos feitos em tão pouco tempo, com foguetes reutilizáveis. Os ônibus espaciais levaram 30 anos para fazer seus 135 voos. Os Falcons já voaram 119 vezes desde 2018.

O que mais me impressiona é pensar como essa ideia de cobrir a Terra com uma rede de comunicação evoluiu e barateou. Na década de 1990, a Motorola criou a Iridium, que era para ser a primeira rede mundial. Demorou a colocar seus 66 satélites no espaço, e, quando ficou pronta, os celulares já estavam tão desenvolvidos que as vendas não decolaram. A Globalstar colocou 48 satélites e hoje vende um aparelho que cobra mais de 4 reais por cada minuto de conversa. Uma fortuna, considerando que a Starlink vai custar somente 99 dólares por mês. E terá tudo que a internet oferece.

Não adianta. Ou você corre, ou algum concorrente vai chegar lá primeiro. E mais barato. Então, acorde e comece a correr...

E você? Já está correndo?

## NUBANK DE CARA NOVA

Precisar, não precisava. Mas o Nubank trocou de marca. Já falei aqui dessa febre que a pandemia trouxe que fez com que 8 em cada 10 grandes empresas mexessem em seus logotipos? Quer dizer, nove, agora que até o banco roxo resolveu mudar.

O Nubank é um fenômeno. Tem só oito anos e já é uma das cinco instituições financeiras mais valiosas da América Latina. E olha que os valores aqui são consideráveis! Acho que o ponto principal foi que eles nunca foram só mais um.

Simplesmente apareceram subvertendo a lógica do que é ser um banco. A gente cresceu achando que banco era uma coisa complicada. Afinal, lida com dinheiro e, se não for cuidadoso, pode sofrer algum ataque de hackers e você fica sem nenhum centavo. Pois eles mostraram que dá pra ser banco e ser simples. Você esqueceu sua senha? Aperta só um botão e pronto! Nos bancos tradicionais, tem que apertar 200 teclas, salvar cinco senhas, dar três pulinhos e ainda rezar uma ave-maria e três pais-nossos. Se der tudo certo, semana que vem você recebe outra senha. De 32 dígitos.

Tenho Nubank. Quase não uso. Vou olhar com mais carinho pra ele. Afinal, quero aproveitar um pouco. Itaú ou Bradesco deve fazer uma oferta irrecusável pelo seu controle. Antes que seja tarde.

E você? Ainda não mudou de banco?

## PAGUEMENOS COMPROU EXTRAFARMA. NÃO ERA PARA PAGAR MENOS?

Estou ficando cansado de chegar atrasado à compra das pechinchas que estão rolando por aí. Primeiro foi a venda dos supermercados BIG para o Carrefour. Valiam R$ 20 bilhões e foram vendidos SÓ por R$ 7,5 bi. Agora a rede de farmácias PagueMenos compra a Extrafarma por "apenas" R$ 700 milhões. Era coisa de R$ 1,2 bilhão, pela avaliação do mercado. Descontão de quase 50%. Desse jeito, vou permanecer pobre...

Por incrível que pareça, foi um bom negócio para os dois. A Ultrapar, que você conhece mais pelas suas empresas Ultragaz e postos Ipiranga, havia pago R$ 1 bilhão, em 2013, pela Extrafarma. Não pense que saiu perdendo. Lucrou todos esses anos com as farmácias, e só desistiu porque não conseguiu abrir tantas lojas nos postos quanto esperava. Do outro lado, a PagueMenos acelera seu crescimento em três anos. Falta ainda o OK final do Cade.

Aquisições e fusões são fatos corriqueiros no mundo dos negócios. Chama a atenção que essas vendas tenham sido tão abaixo do valor de mercado. Para mim, são efeitos como o das mudanças de marcas que a gente tem visto. A covid tem feito as pessoas e as empresas olharem para dentro de si e entenderem o que realmente é importante na vida.

Aí, perder alguns milhõezinhos vale até a pena.

E você? Perdeu também essa chance?

## GOOGLE OFFLINE.
## EM BREVE NO SHOPPING MAIS PERTO DE VOCÊ

Você ouve o tempo todo: o mundo agora é digital, as lojas estão condenadas, e mais um monte de coisas. Aí vem o Google e anuncia que vai começar a abrir lojas físicas a torto e a direito, começando por Nova York. A cabeça pira!

A gente está falando daquele site de busca? Que concentra todo o conhecimento do mundo? Sim, ele mesmo. Só que o Google se expande na velocidade da luz. E hoje tem centenas de produtos, a começar pelo seu smartphone, vendido em lojas físicas de diversas marcas. Então por que não experimentar ter a própria loja? Quanto custa? Alguns milhões de dólares? Só isso? Já que é barato, vai lá e faz...

A gente já viu isso. A Amazon virou Amazon Go e comprou a Whoole Foods. Supertecnológicas, essas lojas traduzem os conceitos do omnichannel, palavrão pra dizer que você pode comprar na internet e pegar na loja, ou pedir na loja e receber em casa. Como diria Tim Maia, vale tudo.

Abre agora no verão americano. Me dá mais vontade de ir lá conhecer do que a vacinação contra a covid que o prefeito quer fazer nos turistas. Mas se eu esperar um pouco, é capaz de abrir uma filial aqui no Brasil. A gente já tem até loja da Apple!

O mais importante é perceber que a linha divisória entre físico e digital está desaparecendo. Já me vejo virando muril.on.

Aguarde!

## JULIETTE, GIL E A ESTRATÉGIA

Você vai me perguntar: o que planejamento tem a ver com a Juliette e o Gil do BBB? Tudo. É só vermos como os dois estão administrando o começo da fama, para entender que estratégia se faz no dia a dia.

Gil explodiu esses dias no comercial do Santander. Acho que ele está dando uma bola dentro por semana. Já virou notícia com a Vigor, depois foi a vez do Bis. E deve ter mais coisas vindo por aí. Juliette até anunciou que virou garota-propaganda da Avon, mas está fazendo biquinho para assinar com a Rede Globo.

O que a gente percebe é que, enquanto Gil foi aceitando todas as propostas possíveis, Juliette tem agido com mais cautela. Afinal, os contratos que está negociando são de longo prazo.

Como sempre digo, a única certeza que temos ao planejar é aonde não chegaremos, pois abrimos mão de muita coisa ao fazer nossas escolhas. Se Juliette se comprometer com a Globo, bye-bye carreira de cantora. Ou, no mínimo, até daqui a pouco. A pressa do Gil pode fazer secar sua fonte, por excesso de exposição. Aí, será tarde para mudar a direção.

Tal como as decisões em nossas empresas. O segredo está no equilíbrio entre ser rápido como o Gil ou cauteloso como a Juliette. Quer coisa mais difícil de conseguir?

E pra você? Qual a melhor estratégia?

## QUINTOANDAR.
## COMO REVOLUCIONAR UM MERCADO ESTAGNADO

A Cyrela tem 58 anos. A MRV, 47. Mas, somando, o valor das duas não chega a bater o da QuintoAndar, que com uma nova captação de investimento bateu US$ 4 bilhões. E isso em 8 anos! Mas por que uma startup pode valer tanto em tão pouco tempo?

Você já leu demais que isso vem da criação de um novo mercado, uma solução milagrosa etc. Isso tudo é verdade. Veja o que eles revolucionaram: de um lado, o prazo de aluguel caiu de 420 para 55 dias, em média. Ganha o proprietário. Do outro, com a ficha aprovada, acaba a necessidade de fiador. Ganha o inquilino. Bingo!

Mas creio que o que leva a esses valores estratosféricos, na verdade, é o potencial de crescimento. Normalmente o investidor olha não pra solução, mas pro tamanho do mercado que a startup vai comer. Quanto maior e mais pulverizado em milhares de concorrentes, melhor. Pense: quantas construtoras e imobiliárias você conhece? Individualmente, são pequenas. Mas somando tudo...

Como a história de que para o martelo tudo é prego, só consigo ver essas características nas unicórnios. iFood? Delivery. Quer coisa mais pulverizada? 99? Táxi? Pulverizado. Nubank? Banco? São poucos, mas os clientes são pulverizados. Em todas, o potencial de concentração leva a esses valores imensos.

Vou criar uma startup pra vender oxigênio...

## QUE NOVIDADE É ESSA, SR. FERNANDO?

Onde nós, brasileiros, erramos que não temos uma marca de jeans nacional?

Vi o anúncio da parceria entre Havaianas e Hering para o Dia dos Namorados. Pensei: Uau! Duas marcas ícones juntando forças! Que ideia genial. Naquela escala que mede o quanto o consumidor se envolve com uma empresa, eu seria considerado um advogado das marcas. Falo bem pra tudo quanto é lado. E entro nas suas lojas diversas vezes no ano pra comprar alguma novidade. Mesmo que não precise.

Só que na mesma hora pensei: Cadê a calça? Cadê o jeans? Por que o Brasil não tem sua marca ícone desse produto básico? Já teve, né? Lembra da US Top? Não? Era uma marca argentina que virou brasileira. Anos e anos nas mãos da Alpargatas, mesma dona da Havaianas. Hoje, nem aparece no seu site mais...

Na minha tentativa de achar uma lógica, pensei: muito básica, fácil de copiar e vender mais barato. Só que essa é a mesma característica das camisetas e dos chinelos. Então deve ter outra razão...

Lembro que a US Top resolveu virar sinônimo de roupa. Mirou o canhão em camisas. Não decolou. Diferentemente das outras duas, nunca virou loja, nem franquia. Perdeu o controle da distribuição e talvez por isso não tenha sobrevivido às cópias baratas. Será?

Só sei que minha compra vai ficar incompleta.

E você? Que jeans usa?

## O FIM DA COVID?

Estava andando na rua, quando do meu lado duas pessoas se cumprimentaram. Não pude deixar de ouvir e morrer de rir.

— Ei! Como você está?

— Oiê! Não reconheci você sem máscara...

O papo continuou, e minha cabeça foi longe. Já deu tempo de não conhecer mais as pessoas sem máscara? Esse é o ser humano, muda o comportamento em pouco tempo e se acostuma com tudo.

Não sei se é por causa da vacinação, que vem avançando, ou do cansaço das pessoas de usar esse acessório que dificulta respirar. Mas tenho visto mais e mais pessoas sem máscara. Mesmo com o alto índice de mortes que ainda ocorrem. Com pouco mais de 10% da população brasileira vacinada, ficou claro pra mim que todos estamos ansiosos pela volta da vida normal.

O mundo está estranho. Estados Unidos comemorando 40% da população vacinada e enviando doses para os países necessitados. Japão organizando uma Olimpíada sem público, num ambiente meio fúnebre. A falta de energia é visível. Parece que estão fazendo uma festa por obrigação.

Enquanto isso, por aqui a gente tem comportamento americano com números pra se sentir como os japoneses.

Os bancos brasileiros apostam na vida normal em dezembro. Torço pra que isso aconteça. Aí poderemos voltar a respirar aliviados. E sem máscaras.

E você? Estados Unidos ou Japão?

## A VIDA ACELERADA

Quando meu segundo amigo me falou que estava usando o recurso do WhatsApp de acelerar áudio, em mim acendeu uma luz amarela. Como assim? Está virando uma epidemia? Esses aceleradores não são coisa nova. O , por exemplo, oferece há anos. Desta vez, parece que vem para mudar o comportamento humano.

Você deve concordar que o mundo está cada vez mais rápido. Carro e avião contribuíram para o aumento de velocidade. A média na época das carruagens era de 15 km/h. Chegaram os carros com suas máximas de 100, 200 km/h. No cinema, também temos visto o mesmo efeito. Cortes mais rápidos, cenas mais curtas. Assista a *Nasce uma estrela*. Esse da Lady Gaga, de 2018. Depois veja a versão da Barbra Streisand, de 1976. Parece que a história não anda...

Agora, pra mim, essa aceleração é a maior prova de como somos seres ansiosos. A gente acelera somente pra ver o que a vida nos reserva. Ou você acha que ouvir um áudio de 30 segundos em 15 vai realmente mudar seu futuro? Lógico que tem aqueles áudios de vários minutos que a gente recebe. Mas, aí, o melhor seria pedir pra alguém mandar um resumo, não é?

O que mais me impressiona é que nos aceleramos com os carros, para ficarmos presos nos engarrafamentos e andarmos a 8 km/h. Cadê meu cavalo?

E você? Prefere o manga-larga ou um trotador?

## DOIS CLIQUES E UM NOVO CARTÃO DE CRÉDITO A SEU DISPOR

No início dos anos 1990, recebi uma carta com um cartão de crédito pré-aprovado. Fiquei superempolgado, pois ia ser meu primeiro cartão. Bastava preencher o formulário. Sqn. Mandei a proposta preenchida e recebi outra mensagem, pedindo comprovação de renda. Fiquei puto. Não tinha pedido o cartão, eles ofereceram e, quando fiz o que pediram, passaram a exigir mais documentos? Mandei às favas e nunca mais tive relação com aquela administradora.

Agora, fiz o meu cartão da XP. Enquanto esperava o Uber chegar, abri o aplicativo e eu mesmo defini meu limite mensal. Não deu nem cinco minutos e a versão digital estava pronta para usar. Claro que já era cliente do banco, mas ainda assim a facilidade é incrível.

Decidi trocar meu cartão atual, porque não vejo razão em pagar uma mensalidade para usar uma forma de pagamento que outras instituições oferecem de graça.

Tem alguma coisa de errado nessa equação, não é? O banco ganha do consumidor e do dono do estabelecimento. Enquanto não existia concorrência, fazia sentido. Mas e agora?

Imagine o que deve ser a vida de um executivo desses bancos. Todo dia acordar preocupado se alguém não inventou algo novo que vai mudar para sempre o mercado deve ser estressante.

Se ainda não migrou, comece a pensar você também. Sua carteira agradece.

## A CRISE DOS SEMICONDUTORES

Pode um simples pedaço de plástico, areia e fios derrubar uma indústria inteira? Se estivermos falando de semicondutores, a resposta é sim.

Veja você que o Chevrolet Ônix, o carro mais vendido no Brasil por seis anos seguidos, levou um tombo imenso por causa desse pequeno componente. Fechou maio em 13º lugar. É uma perda e tanto. E não é somente a GM que está com esse tipo de problema, que ocorre em diversos países do mundo.

Acontece que a indústria automotiva funciona no conceito do Just in Time. Fabrica-se a quantidade certa para abastecer a necessidade mínima. A ideia é diminuir custos. E funciona. Só que o equilíbrio fica no limite. Qualquer crise em um dos fornecedores gera uma reação negativa em cadeia. Já teve falta de pneus, quando os carros eram montados e ficavam esperando Pirelli e Goodyear mandarem as encomendas. Não tem nem muito tempo uma indústria de rodas quebrou. E por aí vai.

Nesses momentos, perde menos mercado quem pode pagar mais ou quem tem uma relação mais próxima com os fornecedores. Os fabricantes de semicondutores têm clientes na área de computadores e celulares que pagam melhor. Por que aceitar ganhar menos?

A Bosch, tradicional fornecedora da indústria, já anunciou que vai construir uma nova unidade para suprir o mercado. Só que isso demora...

Enquanto isso, a Fiat assume a liderança no Brasil, a Hyundai e a Toyota crescem nas vendas. A pergunta que não quer calar é: onde eles arranjam seus semicondutores?

## MENOS É MAIS

A piada sobre o excesso de opções é antiga. O cara chega e pede uma Coca-Cola no bar.

— Normal, zero ou diet? — pergunta o balconista.

— Normal...

— Lata ou garrafa?

— Lata, eu acho...

— 250 ou 390 mL?

— Me dá uma Pepsi mesmo...

Agora, um estudo da NielsenIQ mostra que reduzir 10% das versões num produto pode significar até 30% de ganho nas vendas. Legal, né?

Quem trabalha com varejo sabe como funcionam as coisas. Você lança produtos procurando volume ou rentabilidade. Quando o segmento já está todo saturado de concorrentes, como é o de refrigerantes, acaba sendo obrigado a olhar para nichos, aqueles pequenos grupos de consumidores que não são atendidos pelos produtos de massa. Tipo pessoas que não podem consumir glúten, por exemplo. Aí usa argumentos como "vai vender só 1%, mas o lucro vai representar 3% do total". E vai aumentando a complexidade de sua linha aos poucos, sem nem perceber. E perdendo competitividade.

Só que, como despesas e unhas, se você não cortar, a complexidade cresce e passa a gerar mais despesas do que resultados. E, como a gente vai se acostumando aos poucos, não percebe mais seus efeitos. Até que chega alguém novo e começa a fazer as perguntas incômodas que a gente já deveria ter feito.

Devemos olhar para as coisas todos os dias como se fossem novidades. É a única forma de não sermos surpreendidos por uma pesquisa que nos diz aquilo que já devíamos saber.

E você? Cortou suas unhas hoje?

## DESPIORA?

Falar é um ato político. Conscientemente ou não, a escolha das palavras que usamos reflete nossa história e nosso posicionamento diante da vida. É difícil termos consciência disso, mas uma matéria na *Folha de S.Paulo* trouxe um exemplo claro.

O colunista Vinicius Torres Freire escreveu que a economia brasileira "dá mais sinais de despiora", e Brasília virou um campo de guerra verbal. Existe ou não a palavra? Não precisa se dar ao trabalho de procurar no dicionário: existe. Significa realmente ficar menos pior. E faz sentido.

Um morador de rua, quando consegue comer, não melhora sua situação. Fica menos pior, pois sabe que vai voltar a ter problema. Só vai melhorar se as condições forem a longo prazo: um emprego, uma casa... Essa é a diferença entre despiorar e melhorar.

Mas a escolha diz muito mais de quem diz do que de quem ouve. Quer palavra melhor que "inverdade"? Uai? Não existe mentira? Pra que usar então outra palavra? É que é menos agressivo. Melhor falar pra alguém "eu disse uma inverdade", pois talvez você até seja perdoado...

Dizer que a economia despiora significa querer colocar foco no fato de que continua ruim. Dizer que ela melhora é focar que ela está evoluindo. É ou não é um ato político?

E você? Também acha isso uma desmentira?

## UMA BALA PERDIDA ACHA A REPUTAÇÃO DA FARM

Reputação é uma coisa difícil de conquistar, mas fácil de perder. Em tempos de rede social, cobramos das marcas posturas, posicionamentos, e aquelas que não estão preparadas para entender isso correm o risco de ser canceladas.

Pois não é isso que está acontecendo com a marca de roupas Farm? Minha amiga Guta Lima me escreveu pedindo para comentar a morte por bala perdida da vendedora Kathlen Romeu, que era negra e estava grávida, para deixar a história mais impressionante ainda.

Acontece que a Farm resolveu turbinar uma vaquinha que a família da vítima decidiu fazer e lançou uma promoção: a comissão das roupas vendidas com um certo código seria revertida para os parentes da vendedora. Desastre total. As críticas foram desde "como assim, só a comissão?" até "vidas negras importam".

Acho que todas elas foram merecidas. No calor do momento, o marketing da marca foi atingido, também, por uma bala perdida. Diferentemente do caso da morte no Carrefour, em que uma equipe de segurança mal treinada gerou a crise, neste caso faltou uma percepção clara da gravidade do assunto. Tratar promocionalmente a morte é desvalorizar a vida. Por melhores que tenham sido as intenções.

E, como se diz, de boas intenções o inferno está cheio...

E você? Como se comportaria?

## EXTINÇÃO OU ERRADICAÇÃO? ESCOLHA SEU LADO

Estava assistindo ao depoimento de uma microbiologista na CPI da covid quando ela falou que, depois de milhares de anos, conseguimos erradicar a varíola. Essa frase disparou meu senso talvez exageradamente crítico.

Nós, como raça, fazemos o discurso que nos convém. Isso não está errado. Mas, como já disse, a fala é um ato político. Temos vários movimentos contra a extinção dos animais selvagens. Se eu falo "Salvem as baleias", ninguém vai achar estranho. Aliás, vou ter vários apoiadores. Mas, se eu sair nas ruas gritando "Salvem as varíolas", o risco é ser preso num manicômio.

Os dois seres, a baleia e a varíola, são parte da natureza. Só que para um usamos extinção, para o outro, erradicação. Nenhum deles é bom ou ruim. Simplesmente é. Mas a escolha de palavras nos mostra por onde queremos ir.

Estamos num tempo de desequilíbrio verbal, digamos assim. Só que com um agravante: parece que a paciência para opiniões contrárias está em falta. É como se cada um pudesse ter sua própria opinião, que só seria válida se fosse igual à minha. No resto, vamos atacar...

Ah! Antes que você fique na dúvida: não sou a favor de deixar a varíola, nem outras doenças virulentas, à solta. Também não quero morrer desse tipo de infecção. Mas que isso gera outro tipo de equilíbrio na natureza, isso gera!

E você? Extingue ou erradica?

## O VERDADEIRO TROFÉU

Nem sou tão fã assim. Mas tênis é um dos esportes mais emblemáticos que conheço. Quer aprender o que é determinação, esforço, concentração, superação? É só assistir a um dos Grand Slams, os principais torneios mundiais.

Roland Garros este ano não foi diferente. Dois jogos deixaram aprendizados para quem quer tirar lições das quadras.

Primeiro foi Federer. Não sei se é o número 1, mas joga horrores. Disputou quatro apertadíssimos sets, o nome de cada tempo em tênis, contra Koepfer. Ganhou, perdeu, ganhou, ganhou. E perdeu, pois, mesmo sendo o vencedor, sentiu o peso das operações de joelho de um ano atrás e desistiu do campeonato. Tem que ter muita garra pra ganhar um jogo difícil e depois abrir mão.

Agora, fantástico mesmo foi o campeão, Djokovic. Quatro horas de partida. Perdia por 2 a 0 e foi lá e virou o jogo: 3 a 2 contra o adversário. Nem ele mesmo acreditava que conseguiria. Mas na arquibancada havia um garoto que tinha certeza de que ele seria o vencedor. E que gritava pra ele as jogadas que deveria fazer. Era o incentivo extra de que precisava.

Terminado o jogo, Djokovic fez o inusitado. Foi até ele e lhe deu a raquete do jogo, como um gesto de agradecimento. O menino foi ao delírio, e essa imagem é de ficar gravada em nossa memória.

Para o vencedor, era só mais uma raquete. Para o torcedor, um verdadeiro troféu. Para todos nós, um exemplo de como devemos tratar quem sempre está do nosso lado.

E você? Pronto pra uma partida?

## PATROCÍNIOS E O DIREITO DE ESCOLHA

Os alarmistas estão falando da queda das ações da Coca-Cola por causa do que Cristiano Ronaldo fez. Esquece. Caíram, mas vão rapidamente voltar. Até porque a maior parte das pessoas que bebe o refrigerante nem ficou sabendo o que ele fez.

Numa coletiva de imprensa da Eurocopa, o jogador tirou da sua frente duas garrafas de Coca e ainda pegou uma água, deixando clara sua preferência. Na Bolsa, a empresa caiu 4 bilhões de dólares. Parece muito, mas é só 1,6% do valor da empresa.

O importante é analisar o ato em si. Cristiano Ronaldo é uma pessoa que entende as relações comerciais que existem nos patrocínios. Tem vários contratos com marcas que vão de roupa a automóvel. Sabe, inclusive, como a imagem dele ajuda a vender produtos. Então, não aceitar sua imagem ligada à Coca significa de duas uma: ou não recebe da empresa, ou é totalmente contra refrigerantes.

Por outro lado, a Coca, como patrocinadora do evento, tinha o direito de estar ali. Bem provável que faça parte do pacote negociado. Nessa altura do campeonato, já deve ter havido todo tipo de reunião para negociar uma saída para a crise.

Faltou lembrar dois pontos: primeiro, que com certeza a água que ele bebeu também é da Coca. Segundo, que o barulho que o gesto causou expôs ainda mais a marca.

Se a ideia era tirar o foco da Coca, o tiro saiu pela culatra...

E você? Água ou Coca?

## DEZ REAIS E A MELHOR EXPERIÊNCIA DE VENDAS

Precisei comprar um anel de vedação de cafeteira italiana. Sabe? Aquelas que você coloca no fogo e magicamente a água sobe e passa pelo pó. Fiquei pensando: onde diabos vou comprar isso? Resolvi entrar numa Multicoisas. E não é que eles tinham? Custou trocado. Menos de dez reais, menos do que minha preocupação. Mas foi uma aula de marketing de primeira qualidade.

Pense comigo: o valor médio da venda deles deve ser baixo, não é? Então... o atendimento deve ser fraco!

Sei o que pensou: "Se o Murilo falou isso é porque deve ser bom. Ele quer me enganar!". Acertou duas vezes: tentei te enrolar. E o atendimento é espetacular.

O vendedor que me atendeu, Ricardo, deu um show ao explicar a diferença entre os tamanhos dos anéis que a franquia vende. E depois, enquanto eu passeava pelas gôndolas, foi me explicando detalhes de cada produto, como se fosse um expert em tudo. Ainda se adiantou e me trouxe um folheto com ofertas.

Fiquei pensando: qual a comissão desse vendedor? Se for 10%, que acho muito pra esse tipo de loja, ganhou três reais no meu atendimento. Só que eu, acostumado com o mercado de automóveis, no qual as comissões são bem maiores, poucas vezes vejo empenho como vi desse Ricardo. Ou ele é um excelente profissional ou o treinamento da empresa é excepcional, ou as duas coisas. Só sei que saí impressionado.

Acho que a Multicoisas precisa começar a vender carros...

## PATROCÍNIO 2.0

Vou voltar à questão Cristiano Ronaldo, Coca-Cola e Eurocopa. Depois que ele retirou a Coca da frente e colocou água no lugar, mexer com as bebidas virou parte da coletiva de imprensa.

Paul Pogba retirou a Heineken da mesa. Manuel Locatelli empurrou uma garrafa de Coca-Cola um pouquinho para o lado e colocou sua água no centro. O técnico da Rússia abriu uma Coca Zero e bebeu. E o bem-humorado Yarmolenko juntou todas as bebidas e gritou: "Me contratem!". Tem pra todos os gostos.

Acho que foi isso que a Eurocopa resolveu fazer para diminuir o barulho do ato do CR. "Se ele pode externar a opinião dele, vamos fazer isso com todas as coletivas." Pra mim, estão falando a cada um deles: "Faça o que quiser, mas faça". E o foco de "Coca faz mal à saúde" está mudando para "gosto ou não gosto de Coca". Ufa! Crise debandada.

Mas o ponto principal permanece: o tema patrocínio virou polêmica nos bastidores. CR foi ético ou não? Tem que obedecer ao contrato ou pode externar sua opinião?

Estamos vendo o aparecimento do patrocínio 2.0. Até antes das redes sociais, o atleta sabia que era influente, mas não tinha meios de externar essa força. Agora, ele passou a ter contato direto com o fã, como influencer. Os patrocínios vão ter que evoluir e considerar essa nova variável.

Até porque de que adianta aparecer na foto com a Coca, se depois o CR pode fazer um post falando que foi obrigado por contrato e que bom mesmo é água?

As empresas vão ter que se adaptar.

E você? Também quer ser contratado?

## O FUTURO DO DELIVERY

É impressionante o que a guerra dos deliveries tem feito com a velocidade de entrega nos produtos comprados pela internet. É só olhar as laterais de seus caminhões e vans.

Os Correios ainda não acordaram. Continuam achando que garantir a entrega é o suficiente. O slogan *Mandou, chegou* do Sedex não promete velocidade. Diferentemente do Mercado Livre, onde a compra de hoje é entregue amanhã. Pouco, quando comparado com as Americanas. Em três horas seus caminhões fazem loucuras, mas entregam.

Agora foi a vez do Magalu anunciar que chegará à sua casa em até uma hora. Ainda é um teste. Demorado, se imaginarmos que o iFood Mercado coloca a cerveja nas suas mãos em 15 minutos...

Parece uma briga entre as marcas, mas é mais do que isso. A última barreira para virar um substituto ao comércio físico é garantir a satisfação do consumidor no menor tempo possível. Quando você compra numa loja, sai com o produto na mão. Na internet, precisa segurar a ansiedade. Ou precisava. O tempo entre pagar e ter está quase imediato.

A próxima barreira é o delivery entregar antes mesmo de você precisar. Existem já experiências nesse sentido, e todos passaremos por elas em algum momento.

É, parece que a linha divisória entre físico e digital deixou de existir. Mas isso é tema para outro dia...

E você? Está em casa para receber as encomendas?

## AS NOVAS CAMPONESAS DE LEITE MOÇA

Leite Moça deu férias para a camponesa da sua lata semana passada e deixei pra comentar depois. Ainda bem. Virou polêmica, o que deixa o tema mais interessante.

A mudança foi ligada aos 100 anos da Nestlé e do produto no Brasil. A famosa personagem foi substituída por seis ilustrações de mulheres brasileiras. Tem pra todos os gostos e opiniões.

Primeira reação? Do PT, o Partido dos Trabalhadores. Que reclamou da mudança... Entre outras coisas, disse que substituir a "camponesa" por "mulheres reais", "brasileiras" ou "consumidoras", como divulgado pela marca, é o mesmo que assumir que ela não faz parte dessas categorias. Pode até ser, mas antes não era a "apropriação indevida da imagem da trabalhadora brasileira"? Vai entender...

Depois, diversos comentários nas redes sociais geraram críticas sobre os corpos femininos, muitos bastante preconceituosos. Foram desde chamá-las de gordinhas até dizer que aquele seria o resultado de quem usa o produto. Deu até trend topics do Twitter...

Para mim, o principal é perceber como o desenho da embalagem já tomou vida própria. Não pertence mais à Nestlé, agora é do público e da cultura brasileira. Esse é o mundo ideal. Ter uma marca, como Moça, gerando esse tipo de engajamento é o que todo profissional de marketing gostaria.

Pode apostar: vai virar item colecionável...

E você? Qual das embalagens prefere?

## DUAS MENTIRAS NÃO FAZEM UMA VERDADE

Almoçando com um amigo, perguntei como andavam as coisas na área de logística internacional. Ele me respondeu que estão difíceis, com o seguinte comentário:

— ... neste momento, existem 300 navios esperando para atracar...

Curioso que sou, continuei:

— Peraí. Deixa eu entender. Na pandemia, não aumentou o número de navios, nem diminuiu o número de lugares nos portos pra que eles atraquem. Como assim, tem 300 navios esperando?

Depois de muito rirmos, chegamos à conclusão de que a informação talvez seja passada pelos donos dos navios para justificar o aumento do preço dos fretes. Muita empresa parou durante o ano passado e agora quer tirar o atraso. A demanda aumentou, e um jeito de explicar os novos preços é mostrar que está tudo mais escasso.

Essa não é uma prática nova, nem difícil de encontrarmos. Junte duas frases que parecem fazer sentido e você cria uma mentira com cara de verdade. Chama-se falácia. E quanto mais conhecer do assunto, menos questiona e mais tende a aceitá-la como verdade.

Pensou em fake news? Partem desse mesmo conceito. Só que se travestem de notícias e não simplesmente conversas. Quanto mais cara de jornalismo, mais fácil se enganar.

Mas elas estão no nosso dia a dia. A questão é aprender a identificá-las e não se deixar enganar. Você ouve e questiona. Ouve e questiona. Fácil, né? Nem São Tomé tinha tanto trabalho...

E você? Esperando pra estacionar seu navio?

### A CHINA QUE SABE VOAR

Você chega no aeroporto e vai ao check-in. A atendente lhe diz:

— Parabéns! Você vai ser um dos primeiros passageiros da nossa nova aeronave, o Comac C919.

— Comac? Que avião é esse?

— Acabou de chegar. É feito na China, e nossa empresa é uma das primeiras a voar com o C919.

O que você faz? Voa tranquilo? Ou resolve pegar o próximo voo?

Pois essa não é uma possibilidade muito longe de acontecer. Está prometida para este ano a entrega dos primeiros aviões chineses que vão concorrer com os Boeing 737 e os Airbus 320.

O modelo está muito atrasado. Era pra ter voado em 2016, depois de sete anos de desenvolvimento. Ainda não foi homologado nem lá, nem no Ocidente. Teve de tudo: denúncias de espionagem, problemas estruturais, mas já tem mais de mil aviões encomendados. Basicamente por empresas asiáticas.

Se você resolveu esperar o próximo avião, talvez esteja somente com preconceito contra produtos da China. Mas, estranhamente, o C919 foi anunciado por US$ 50 milhões, metade do preço de um Airbus, atual líder mundial de vendas. Qual a mágica para custar tão mais barato, eu não sei...

De toda forma, a gente está vendo uma nova frente de batalha comercial aparecendo entre Estados Unidos, Europa e China. Aviões são produtos de alta tecnologia. E esse passo mostra qual a ambição do governo chinês.

E você? Voa ou não voa no C919?

## SOMMELIER DE VACINA

Cheguei pra vacinar. A atendente anunciou:
— Estamos vacinando com AstraZeneca...
— Uai... Tá bom...

Não entendi a frase até que comecei a perceber o tanto de carros que paravam na porta e alguém gritava: "Qual vacina vocês estão dando?". Todos iam embora, buscando um local onde a marca fosse outra.

Essas pessoas já até receberam um apelido: sommeliers de vacina. E nós, brasileiros, com síndrome de vira-lata, achamos que só por aqui esse comportamento acontece. Não precisa pesquisar muito para ver que os estadunidenses também têm suas preferências e deixam de vacinar em busca de um ou outro tipo. Por aqui, a queridinha é a Pfizer. Nos Estados Unidos é a Janssen.

Acho estranho, pois não me lembro de ninguém discutindo marca antes da pandemia. Ou você já recusou se vacinar antes, por causa do fabricante? Sabe citar o nome da vacina contra gripe? Da BCG?

Dezoito mil pessoas morreram de covid nos Estados Unidos em maio, e 99,2% das mortes eram de não vacinados. Conclusão: qualquer vacina imuniza.

Acho um absurdo os postos terem que colocar cartazes lembrando da importância de vacinar. Mas é nossa realidade. Os números de morte crescem, e muitos dos que criticam as ações dos governos são os que querem decidir que vacina tomar.

Eu garanti minha primeira dose. Com direito a reação e tudo. Melhor um dia de cama do que a outra opção, não acha?

## A VOLTA AO VELHO NORMAL

Saí para almoçar com meu cliente na avenida Berrini. Foi difícil achar um restaurante. A avenida está vazia, cheia de placas de aluga-se. A maior parte das lojas não aguentou o sumiço das pessoas devido à covid. O home office fez as empresas de delivery crescerem, mas está matando o comércio de rua.

Agora, com o avanço da vacinação, a gente deve ver acontecer no Brasil o que já acontece nos Estados Unidos e na Europa: a volta à normalidade. Bem, não à mesma normalidade de antes. As pesquisas mostram que tanto as empresas quanto os funcionários veem no trabalho híbrido o futuro do emprego. Só não concordam com o que isso significa.

Os americanos que amam pesquisas já descobriram que os millenials são os mais propensos a trocar de emprego, com o fim da pandemia. Parece que esses meses em casa diminuíram o laço emocional que têm com os atuais patrões. E se discute nos Estados Unidos a falta de lideranças nos próximos anos. Vai começar uma dança das cadeiras...

As discussões são imensas. Estarmos todos no mesmo ambiente cria possibilidades de interações além do tempo de Zoom. Sabe aquele cafezinho onde você discutia um problema que não está na pauta? Acho que era mais importante do que pensávamos...

A volta vai ser tão cansativa quanto foi o início da quarentena. Cada empresa vai ter sua receita de sucesso. E isso vai fazer com que tenhamos ainda mais dúvidas do que fazer.

Como amo dizer, não vai ser pior nem melhor. Só diferente. E a gente vai se acostumar.

E você? Escritório ou casa?

## AS GRANDES MARCAS QUE NINGUÉM CONHECE

Quando encontrei o segundo eletrodoméstico da Mondial em casa, passei a levar a sério a frase do Rodrigo Hilbert no comercial: "Você também deve ter um aí na sua casa...". Me fez pensar no que poderíamos chamar de marcas invisíveis.

Eles anunciam que são a marca mais vendida no Brasil. Acredito. Só que não são, de longe, a Top of Mind da categoria. Até a publicidade que vi só tem 7 mil visualizações no YouTube. Isso depois de um ano! Ops... temos um problema de comunicação aqui...

Como a Mondial, existem dezenas de marcas que estão presentes na nossa vida e não percebemos. São boas empresas em produzir e distribuir. Mas não se preocupam claramente em ser conhecidas.

Existe problema nisso? Claro que não. Mas, publicitário que sou, entendo que o preço que elas podem cobrar nunca será premium. No caso das marcas invisíveis, as pessoas compram o benefício funcional, aquilo que o produto faz. Mas não pagam pelo benefício emocional, aquilo que a marca representa. É onde a publicidade faz a diferença.

Creio que o melhor exemplo de que marca conhecida faz diferença é o que aconteceu quando a JBS criou a Friboi. De um dia pro outro, as pessoas aceitaram pagar mais pela marca de carne conhecida.

Quando você olha pra sua marca, qual a conclusão a que chega? As pessoas a conhecem, ou ela é invisível?

Como se diz, não basta botar o ovo, tem que cacarejar...

E você? Como é visto?

## O FIM DA TV COMO A CONHECEMOS

Se eu fosse a Rede Globo, ou QUALQUER outra, ou uma das empresas de TV a cabo, começaria a ficar realmente preocupado com o futuro.

Desliguei minha Apple TV para levá-la na minha viagem. Estou aproveitando as férias escolares pra viajar pra praia. Só que, antes de sair, minha filha chegou e pediu pra assistir desenho animado. Falei pra ela ligar no Cartoon Network. Ela foi e voltou.

— Como faço pra ligar a TV a cabo? Não lembro mais...

Fiquei assustado. Ela tem 9 anos. Vai ser a futura geração de consumidores com quem nós, publicitários, vamos falar. Já não usa mais TV, só streaming e YouTube. E comerciais para ela são realmente um incômodo.

Fiquei lembrando. Enquanto ela vê os influencers de que gosta, vai pulando os comerciais. Cinco segundos, pula. Outros cinco, pula de novo. Eu sempre falo com ela: "Eu tava assistindo...". Só que é tão automático que minha conclusão é de que precisaremos ser bem convincentes nesses poucos segundos para segurar a audiência. Tipo aqueles filmes policiais que já começam com perseguição.

A guerra dos streamings está mal começando. Agora temos também HBO Max chegando. No final, quem vai ganhar é o consumidor. Concorrência sempre faz bem.

E você? Qual seu streaming favorito?

# CRINGE

A palavra hoje é *cringe*. Esse novo termo diz respeito a uma situação embaraçosa. Mas não qualquer uma. É uma forma de os jovens de verdade zoarem aqueles que já não são tão jovens...

Olha só: a geração Z, aqueles com 10 a 24 anos, está colocando os millennials, os que têm entre 25 e 40 anos, no devido lugar: viraram adultos. E, como adultos, ficaram velhos. Já estão virando pais e mães da geração que vai chamar de velhos os da geração Z. Isso sempre aconteceu. Só que agora é amplificado via mundo digital.

Importante perceber que a velocidade da vida, que a gente sente nas mudanças diárias, também chegou na guerra entre gerações. Antigamente a gente brigava com os pais. Tudo que gostavam, a gente negava. Pense na música que gosta. É do mesmo estilo que sua mãe ouve? Provavelmente não. Agora seu filho mais novo não quer o mesmo que seu mais velho.

Mas isso sempre aconteceu, não é? Só que você ligava a mesma TV que seu irmão, lia as mesmas revistas que ele, ia aos mesmos locais. Agora não. As redes sociais geraram mundos paralelos. O Facebook já ficou ultrapassado. O Instagram é dos millennials, o TikTok é dos da geração Z.

O importante é entendermos como isso muda a dinâmica das nossas empresas. Dos novos funcionários aos novos consumidores. Os produtos podem ser os mesmos, a conversa, não.

O problema é que vem aí a geração Alpha... E falar "cringe" vai ficar velho...

E você? Ainda fala "mancada"?

## HÁBITOS QUE MUDAM

Quando eu era criança, havia um desenho animado chamado *Dick Tracy*, que já era velho. Criado em 1931, Dick era um detetive que lutava contra *gangsters* numa Chicago que não existia mais. Impossível encantar uma criança com um tema tão antigo. Mas tinha uma coisa que eu amava: Dick tinha um relógio de pulso com uma tela, por meio do qual conversava com seus chefes e amigos. Era muito futurista...

Pois recentemente me lembrei dele. Saquei meu iPhone e fiz uma chamada de vídeo no WhatsApp. Minha família com a família de um primo. Quando desliguei, um casal de mulheres dava tchauzinho para a câmera do celular delas. Isso tudo num restaurante à beira da praia.

Como vivo repetindo, os hábitos mudam e a gente nem se dá conta. Não faz muito tempo, as discussões eram se as pessoas iriam trocar a ligação por voz por uma com imagem também. "Imagina se eu vou aparecer toda desarrumada", "E se eu estiver dormindo? ... no banheiro? ... pelado?" Ouvia-se todo tipo de objeção. Acho que, no geral, a gente sempre tem medo do desconhecido...

Agora vejo pessoas fazendo ligação com vídeo por todo lado, o tempo todo. As reuniões durante a pandemia, por Zoom e outros aplicativos, também ajudaram a popularizar essa novidade.

Hábitos estão aí para serem mudados. Adoro perceber que evoluí. É... Dick Tracy agora ficou totalmente ultrapassado.

E você? Voz ou imagem?

## A NOVA CORRIDA ESPACIAL

A corrida espacial no século XX foi disputada por países. A do século XXI é dos empresários. Richard Branson, multimilionário inglês, passou a perna no Jeff Bezos e, silenciosamente, preparou-se para ser o primeiro a ir para o espaço. Dia 11, subiu até a linha que separa a Terra do infinito, e, com isso, sua Virgin Galactic valorizou US$ 841 milhões num único dia.

Dia 20 é a vez do Bezos, da Amazon, voar na sua Blue Origin. Ele vai mais alto e já está gerando discussões de onde fica o limite da atmosfera terrestre. Nove dias de diferença, o que deixa claro que Branson se antecipou para gerar mídia para sua empresa.

Ser o primeiro pode fazer uma imensa diferença. Você se lembra do segundo astronauta a colocar os pés na Lua? Viu o time brasileiro comemorar o segundo lugar na Copa América? No caso de se transformar na empresa número um de turismo espacial, pode ser fundamental. Uma passagem da Virgin custa US$ 250 mil. Quase um milhão e trezentos mil reais! E eles já têm 600 pessoas na fila de espera. Nem calcule. É muito dinheiro.

Mas o mais fundamental em ser o primeiro é que a história esquece os segundos. Daqui a alguns anos é bem provável que nos lembremos somente do voo de Branson.

Independentemente de quem seja o primeiro, este é um momento importante para a humanidade. Estamos ampliando os limites de aonde podemos ir. Marte está cada vez mais perto.

Eu já coloquei meu nome no sorteio de passagens grátis da Virgin. E você? Também vai tentar a sorte?

## TOKYO 2020 EM PLENO 2021?

Daqui a uma semana começa a Tokyo 2020. Parece que não, pelo tão pouco que se fala da competição. Existe uma tentativa da Rede Globo de tornar as Olimpíadas deste ano um grande evento, mas para mim alguma coisa azedou na fórmula e não consigo me conectar de verdade.

Esse sentimento parece ser da maior parte dos moradores de Tóquio, já que, em pesquisas, 50% deles dizem que não querem sua realização. Afinal, além do risco de um aumento dos casos de covid, numa cidade que está ainda em quarentena, todas as provas serão feitas sem a presença de público. Se ninguém pode participar, assistindo, então qual é o propósito de ela ser feita?

Duas coisas me chamam muito a atenção:

Primeira: fazer um evento em 2021 que se chama Tokyo 2020. Quer símbolo maior do que este para dizer que o mundo parou por causa do coronavírus? As Olimpíadas vão simbolizar para sempre que perdemos um ano de nossas vidas.

Segunda: que entusiasmo é uma coisa contagiante. E que isso parece ser o que o evento perdeu. O um milhão de estrangeiros que eram esperados durante os jogos, mais do que torcer ou levar os dólares para a economia japonesa, seria a mola propulsora do entusiasmo mundial. Agora isso se foi, e resta aos fabricantes de TV vender novos e melhores aparelhos.

De toda forma, sei que de um modo ou de outro vou acompanhar nossos atletas. Mas o brilho do evento nunca será o mesmo.

E você? Ouro, prata ou bronze?

## IMORTALIDADE

Meu filho e eu estávamos conversando sobre imortalidade. Falei que queria viver pra sempre. Ele me respondeu que deve ser muito chato, uns mil anos bastariam. Mas tanto ele quanto eu não temos a perspectiva correta para entender o que ser imortal pode significar.

Fiquei pensando sobre o que seria viver 76,7 anos, expectativa de vida do brasileiro, para uma borboleta que vive somente um dia. Seria 28 mil vezes a mais, 28 mil gerações de borboletas. Difícil acreditar que ela se lembraria de todos os detalhes da vida, se fosse um ser humano.

Você, que deve viver 76 anos, já se esqueceu de vários amigos e conhecidos que passaram na sua vida. Já ganhou e perdeu vários hábitos. Mas, principalmente, se organizou para viver uma vida de várias décadas. Se soubesse que vai viver a metade, talvez não adiasse mais um sonho que tem.

Então, se alguém vivesse 28 mil vezes a vida média de um brasileiro, viveria mais de dois milhões de anos. Praticamente imortal. Para essa pessoa, Cristo teria nascido e morrido um minuto e meio atrás.

Tempo é relativo, eu sei. Imortalidade, não. O que faz termos necessidade de construir coisas, de mudar o mundo, é nossa consciência de que podemos morrer a qualquer momento. É bem provável que alguém que seja imortal não tenha senso de urgência. Talvez estivéssemos ainda nas cavernas.

Pensando bem, mil anos bastariam.

E você? Quer ser imortal?

## SUBSTITUIÇÃO: SAI LG, ENTRA XIAOMI

É muito interessante ver a dança das cadeiras no mundo dos smartphones. Num mesmo ano, a gente vê o fechamento de todas as fábricas de celulares da LG e o anúncio de que a Xiaomi assumiu o segundo lugar de vendas mundiais, superando a Apple e encostando na Samsung. É muita mudança em tão pouco tempo. Mas por que tudo isso?

A LG foi uma das primeiras marcas a produzir celulares no mundo. Começou em 1995, quando os aparelhos ainda só faziam ligações. Eram uns verdadeiros tijolos. Ganhou muito dinheiro com isso, com certeza, mas foi ficando para trás, desde que surgiram os smartphones. Dizem que é porque adotou a tecnologia da Microsoft e não a do Android. Pode até ser. Mas, numa empresa grande, o sucesso ou o fracasso nunca têm somente uma razão.

A Xiaomi, por sua vez, é um fenômeno. Surgiu em 2010 e em 11 anos virou a segunda, com mais de 1.000 lojas abertas no mundo a partir de 2016 (fora as 5 mil que tem na China)... números impressionantes, ainda mais porque a grande característica de seus aparelhos é custar muito mais barato que os das concorrentes.

Creio que o ponto mais importante a perceber é que o aparelho em si tem perdido importância, assim como num certo momento os laptops, que eram sonho de consumo, viraram coisa corriqueira na vida das pessoas. Os chamados hardwares passaram a ser a casca do que vale a pena ser consumido: os programas, os softwares.

Não sei dizer qual é a próxima fase dessa guerra, mas creio que sei a nacionalidade do meu próximo aparelho...

E você? Samsung, Apple ou Xiaomi?

## ESPAÇO, A FRONTEIRA FINAL...

Como fã de ficção científica, não tem como não voltar ao tema em tão pouco tempo. Jeff Bezos subiu ao espaço em sua nave, a New Shepard. Nove dias após Richard Branson. Julho de 2021 será sempre considerado o mês em que o homem subiu aos céus sem ser numa missão militar, numa nave não militar.

Guerra sempre foi uma das máquinas que moveram a humanidade para a frente. Ou se desenvolvia tecnologia para conquistar, ou para se defender. As armas de fogo, por exemplo, mudaram o equilíbrio das forças nas guerras dos séculos XVIII e XIX. Os aviões foram peças fundamentais nas duas grandes guerras. A tecnologia de comunicação cresceu para apoiar os exércitos.

A única grande questão que também moveu as pessoas em busca de desenvolvimento foi a conquista do espaço. Primeiro, dentro de nosso planeta. As viagens das caravelas eram verdadeiros saltos no escuro. Quem saía pelos mares sabia que o risco de não voltar era imenso. E isso obrigava a busca de soluções mais robustas. Quem foi ou vai ao espaço, passa pelo mesmo risco.

Agora a disputa dos bilionários inicia uma nova era de desenvolvimentos tecnológicos. Parece que a humanidade está aprendendo a ir pra frente sem que isso seja fruto de violência e agressão.

Não me importa quem foi o primeiro. Fico feliz em comemorar a conquista do espaço.

E você? Pronto pra tirar os pés do chão?

## APRENDENDO MARKETING COM UM PIPOQUEIRO

Como diz meu amigo Jean-Philippe Thery, talvez eu esteja querendo justificar minhas idas à praia. Mas é muito interessante ver o número de casos de bom atendimento que tenho notado nos serviços mais simples, enquanto passeio de férias.

Parei para comprar pipoca para minha filha na Praça de Eventos de São Sebastião. E tive mais uma aula de bom atendimento.

O pipoqueiro e a esposa Edna estão ali naquela praça há 32 anos. Depois do inicial bom atendimento, fiquei impressionado com a falta de piruá no pacote. Lógico que perguntei o segredo, e ele respondeu:

— A qualidade do milho. Se você usa bom milho, ele estoura.

Parece brincadeira, né? O que será que eu queria ouvir?

Edna explica que pipoca dá muito lucro. E que, depois de um período ruim, devido à pandemia, as coisas estão voltando ao normal aos poucos. Aliás, se não fosse pelas máscaras que eles e os clientes estão usando, daria para pensar que a vida voltou ao que era.

Cada detalhe do carrinho e do que vendem demonstra o prazer com a profissão. Edna tem orgulho de mostrar o adesivo de lego que o marido colocou no carrinho, bem como de explicar que a batata chip é toda feita por eles. Chama minha filha para perto e reabastece o pacote dela. Só o sorriso dela de satisfação já teria valido a pena.

Creio que o que estamos precisando mais é disso: um bom e simples trabalho básico bem-feito. E com prazer.

Voltei a passear com peso na minha consciência. Será que tenho aplicado isso na minha vida?

E você? Pipoca, coco ou picolé?

## QUEM ESPERA SEMPRE ALCANÇA...

Este post é sobre persistência, apesar de parecer que é sobre a Fiat.

Você acha que a Fiat virou líder por causa da Nova Strada? Errou. Essa picape só acelerou o resultado. A verdadeira razão está materializada num veículo: o furgão Fiorino. Sei o que pensou: "Você está errado, Murilo, o Fiorino não...". Então veja com meus olhos.

Em 1977, um ano depois de chegar ao Brasil, a Fiat lançou esse carro esquisito. Nada bonito, nem charmoso, ele era funcional. Na época, a líder de mercado, impossível de alcançar, era a Kombi. Tudo bem. Para a última colocada em vendas no país, uns poucos furgões ajudavam no market share.

Os anos foram passando, e a Fiat persistiu com o carrinho. Inclusive atualizou-o, passando a usar a plataforma do Uno. Aos poucos, ia conquistando consumidores. A Volks, quieta.

Em 1999, a VW trouxe para o Brasil sua versão de furgão, o belo VW Van, feito na Argentina na plataforma do Polo. Não durou muito. Talvez porque fosse mais caro, talvez pela concorrência interna com a Kombi, saiu de linha rapidinho. Renault, Peugeot e Citroën também tentaram e desistiram. Todas deixaram espaço livre para a Fiat.

Em 2020, de cada 10 veículos comerciais leves vendidos, 7 foram da Fiat. Strada, Toro e Fiorino, que está na 3ª geração, estão presentes em todos os cantos do país. O patinho feio virou um cisne muito vistoso.

Pode ter certeza. Esse modelo foi questionado diversas vezes. Mas a persistência venceu a dúvida.

E você? Tem sido persistente? Ou desiste na primeira dificuldade?

## NEM SEMPRE AS FRANQUIAS SÃO TODAS IGUAIS

Pousei em Belo Horizonte e morri de saudades de Salvador. Ao ver o Bob's, minha filha pediu fritas. A experiência fantástica nas terras baianas, em fevereiro, ficou no passado. Pena.

A fila da foto é o de menos, mesmo com o aeroporto vazio. Bella pediu três fritas grandes e perguntou pro caixa se tinha Fanta. Ele respondeu "só tem esses aí", apontando sem muita vontade pra um copo de Coca num cardápio plastificado.

— Então deixa, vou comprar ali na frente.

Ele nem se abalou. Faltou avisar que, comprando um refrigerante, ganhava outro. Só me disse que o total era de 45 reais; 15 reais cada pacotinho de fritas? Que inflação é essa? Em fevereiro, em Salvador, o valor foi R$ 9,90...

Para um fast-food, o tempo para preparar foi uma eternidade. Brincam que nós, mineiros, somos baianos cansados. Nunca achei isso, mas me impressionei com a falta de energia dos funcionários.

De toda forma, vale a análise do que pode fazer uma experiência ser inesquecível e outra um desastre. Tudo muito parecido: aeroporto,

Bob's, batatas fritas. O que faz a diferença são as pessoas, o treinamento e a supervisão.

Tendo crescido em BH, sei que essa experiência não representa os serviços dos mineiros. Mas que dá vontade de trazer uns baianos pra ensinar como satisfazer o consumidor, ah, isso dá!

Pelo menos, as fritas estavam uma delícia...

E você? Bahia ou Minas?

## A FORÇA DE UMA EMISSORA

Imagine você fazer uma chamada da sua página do Instagram e crescer de 6 mil para 41 mil seguidores. É possível? Para a Rede Globo, é. Não à toa é líder de audiência em TV aberta.

Como transmissora das Olimpíadas, ela colocou toda a sua programação a serviço de Tokyo 2020. E não foi diferente com o *Caldeirão do Huck*. Todos os quadros foram com atletas brasileiros.

Mas me impressionou o "Quem quer ser um milionário", com o atleta Samory Uiki. Ele, pouco conhecido, é promessa em salto em distância, tendo pulado 8,23 metros durante as seletivas, o que lhe daria o 4º melhor resultado mundial. Participou e saiu-se muito bem.

O carimbo da Globo apareceu quando Luciano Huck falou do Instagram do Samory. Impossível não ficar impressionado com o resultado do crescimento no número de novos seguidores após o anúncio. O atleta, que demorou oito anos para chegar a 5,7 mil seguidores, pulou em uma hora para quase 41 mil: 613% de crescimento! Numa única chamada...

A liderança da Globo tem sido cada vez mais ameaçada. Mas é impressionante ver como ainda tem força para fazer sucessos imediatos como a Juliette, ou, agora, nosso possível medalhista.

Vou assistir um pouco da Band e depois te conto...

## A MORTE DE UM ÍCONE

Sabe quando você sente um vazio no peito? Pois este é meu sentimento pela morte de Orlando Drummond. Estranho isso por alguém que não conheço pessoalmente, mas que certamente faz parte da minha história.

Orlando tinha 101 anos. Viveu muito mais do que a média esperada. Pelo número de posts e comentários nas redes sociais, muita gente sentiu o mesmo que eu. Ficamos órfãos de uma voz, de um personagem.

Essa é a sensação que eu gostaria de refletir. Nestes meses de pandemia, todos nós perdemos alguém que nos fez ter esse sentimento. Sabemos que vamos morrer, mas a incerteza do momento faz com que estejamos sempre despreparados. E, por estarmos despreparados, sofremos.

No fim, esta é a indagação que me resta: Se sabemos que tudo é finito, que nada é para sempre, por que ficamos tão incomodados com essas perdas?

Creio que essa dor vem da sensação de que estamos perdendo um pedaço de nós mesmos, daquilo que nos faz ter a nossa própria identidade.

Os lutos vão se acumulando nas nossas vidas. E vamos entendendo aos poucos o que somos de verdade.

## A MALDIÇÃO DOS PÔNEIS FAZ DEZ ANOS

Hoje, 29 de julho de 2021, é o aniversário de 10 anos dos Pôneis Malditos. Eu sei o que você pensou: "Murilo, comercial não faz aniversário". Só que, pra mim, esse faz.

Em 2011, a Nissan tinha um problema difícil de resolver. A verba de marketing era 8 vezes menor do que as líderes Fiat e VW. Só que a vontade de vender era igual. Em publicidade, quando você não tem dinheiro, apela pra criatividade.

Durante mais de um ano, a solução que encontramos foi fazer os comerciais mais criativos da TV. As pessoas paravam pra assistir e compartilhavam nas redes sociais. Numa época em que o YouTube ainda não aceitava publicidade paga, todos procuravam criar comerciais virais. O dos pôneis conseguiu chegar lá. Organicamente, atingiu 12 milhões de views. Nos três dias de veiculação, foi o vídeo automotivo mais visto no mundo. E as vendas da Nissan Frontier dispararam: 84% a mais no ano.

É isto que se busca numa boa propaganda: impacto no consumidor, mas principalmente vendas do produto anunciado.

Tenho orgulho de ter feito parte desse momento da empresa. Os pôneis passaram a ser referência de uma geração. Qualquer um que cantasse a musiquinha da maldição do pônei ficava com ela dias e dias. E até hoje, quando falo desse case para os meus alunos, eles se lembram do comercial da infância deles.

Essa é uma história que merece ser contada. Portanto, parabéns para os pôneis.

Quer ficar com a musiquinha na cabeça?

ESCANEIE E VEJA MAIS:

## UMA LÂMPADA E O BOM ATENDIMENTO

Qual é a garantia de uma lâmpada? Se você for como eu, não tem a mínima ideia. Só sabe que as incandescentes duram pouco e consomem muita energia, não é?

Pois tive uma experiência incrível comprando essa aí embaixo, com um soquete bem específico.

Primeiro comprei a da esquerda, Casanova, marca da Casa e Construção. É uma loja de autosserviço. Entrei pelo cano, não por causa da C&C, mas porque achei que era só comprar e pronto. Serviu, mas era muito fraca.

Aí fui na Yamamura Lar Center tentar achar algo mais potente. Descobri outro oásis de bom serviço. Fui atendido por um vendedor, o Wilson, que entendeu claramente o que eu precisava. Expliquei: "Comprei umas que não iluminam nada".

Ele me trouxe a Philips e a Osram. Peguei a que disse que iluminava mais, feliz em encontrar alguém que me explicou tudo a respeito de iluminação. Mas o mais fantástico foi saber que ela tem cinco anos de garantia! Nem o meu Hyundai tinha tanto tempo.

Fiquei preocupado em guardar a nota fiscal. E aí veio a informação que me fez me apaixonar pela Yamamura:

— Se tiver problemas, é só trazer a lâmpada. Como você se cadastrou, não precisa da nota fiscal...

Servir o consumidor é, antes de tudo, antecipar os problemas que ele possa ter. Já pensou, daqui a três anos a lâmpada dá problema e não acho a nota? Ficaria puto por não conseguir usar a garantia. Mas, com a certeza de que a loja a guardará pra mim, me senti superprotegido.

Descobri minha fornecedora oficial de lâmpadas...

E você? Guardou a nota?

ESCANEIE E VEJA MAIS:

## SIMONE BILES E OS LIMITES HUMANOS

Vamos falar de Simone!

A gente se envolve rapidamente com a vida dos outros, não é mesmo? Estamos todos sofrendo junto com a Simone Biles e suas desventuras durante a Tokyo 2020. Chegou como a grande aposta americana e deve sair das Olimpíadas como uma sombra do que prometia. Simplesmente travou nas primeiras provas e agora corre o risco de ser cortada pela comissão técnica dos Estados Unidos das suas últimas provas.

Diferentemente dos esportes coletivos, nos individuais é você contra você o tempo todo. E numa cultura que busca heróis a todo custo, como a norte-americana, a pressão para virar um novo Michael Phelps deve ser enorme. Já pensou o que deve ser todo mundo esperar de você nada menos do que o ouro em todas as suas apresentações?

No mundo corporativo, a gente fala o tempo todo da capacidade de aceitar o erro. "Só acerta quem erra" é um mantra que não cabe nos esportes de alta performance. A avaliação não é do conjunto da obra, mas somente daquela prova.

Veja o caso do número 1 do tênis mundial, Novak Djokovic. Foi eliminado, desistiu de disputar nas duplas e saiu sem nenhuma medalha. Talvez tenha faltado o incentivo financeiro dos Grand Slams. Mas não dá pra falar que ele não seja um medalhista.

No fim, o que importa é o que Simone fez. Devemos conhecer e aceitar os nossos limites, físicos e emocionais. Faz a vida ficar mais fácil.

Paris 2024 está logo ali. Quem sabe não seja o tempo de que ela precisa.

E você? Ouve seu corpo?

## EQUILÍBRIO

Vi um post interessante de um amigo questionando a postura da ginasta Simone Biles em Tokyo 2020 e lembrando a maratonista suíça Gabriela Andersen, que, em Los Angeles 1984, realizou um dos feitos mais incríveis da história das Olimpíadas.

Gabriela não chegou nem entre as três primeiras. Na verdade, chegou se arrastando, cercada de médicos prontos para ajudá-la, se necessário. Recusou ajuda, o que a desclassificaria, e passou a linha em 37º lugar. Ganhou um lugar na história, demonstrando o que o ser humano pode fazer quando quer.

São dois exemplos extremos do comportamento humano. E aí entendi por que as Olimpíadas são tão envolventes para todos nós. Elas nos lembram dos nossos limites. Demostram que podemos ultrapassá-los. Mas também apontam que limites são pessoais e que devemos respeitá-los pela nossa própria saúde.

Quantas vezes nos pegamos presos nessa armadilha? Ou não fazemos o esforço extra, porque não acreditamos que vamos conseguir? Ou, ao contrário, não ouvimos a nós mesmos e vamos além dos limites que suportamos para atender a expectativas que não são nossas, mas dos que nos cercam.

As duas atletas representam, para mim, o equilíbrio. E viver em equilíbrio não é uma tarefa fácil. Mas uma coisa é certa: ele não é algo que precisamos procurar fora, em outras pessoas.

Você, com certeza, é a melhor companhia de você mesmo.

## E SE VOCÊ FICASSE CEGO?

Imagine você receber a informação de que vai ficar cego. O que você sentiria? O que faria?

Sou fã confesso de Clóvis de Barros Filho. É um daqueles professores palestrantes que traduzem a filosofia para o dia a dia. Não é pouca coisa. O tema é complexo, mas ele faz parecer um assunto de criança. Sem perder a profundidade.

Pois o Clóvis, que já é cego de um olho, descobriu que está com câncer no outro. E, com isso, vai perder o que lhe resta de visão. Ele revelou o fato no programa *Flow*, com uma naturalidade assustadora. Tinha sabido no dia anterior.

O que você faria? Clóvis manteve sua agenda de palestras e entrevistas. Como explica, vive de falar, não de ver. E a vida não termina quando se fica cego. Não tem por que desistir de continuar vivendo. Deseja aproveitar os dias em que ainda tem visão para ver os filhos e vários pores de sol.

Em tempos de Tokyo 2020, em que Simone Biles desiste do sonho olímpico em favor da saúde mental, a decisão de Clóvis reforça um ponto fundamental: a vida é muito importante para que não a vivamos plenamente.

Quantas vezes a gente não reclama de pequenos problemas?

Que se acha injustiçado por não ter o que queria?

Viver deveria ser simples e leve.

Obrigado, Clóvis, por abrir os meus olhos.

## A VOLTA DO DETERGENTE ODD

Sabe quem voltou, assim meio que na surdina? O detergente ODD. Pra quem já frequentava supermercados nos anos 1990, a marca era presença constante nas gôndolas e disputava com Minerva a preferência das donas de casa.

A marca ODD teve um final estranho. Era de uma empresa, a Orniex, que foi vendida para a Bombril, que a revendeu para a Procter & Gamble, que simplesmente matou a marca.

Como estratégia era muito boa. A P&G teria um produto para brigar com a Unilever. Acontece que esse mercado foi sendo invadido por marcas mais baratas e as duas multinacionais desistiram dele. Como disse um executivo na época, "o brasileiro lava pratos e talheres com água", desculpa para falar que o segmento não interessava mais, devido à baixa rentabilidade.

Agora, dois anos atrás, a brasileira Limppano comprou a marca e a relançou no mercado. Para o presidente da empresa, Alex Buchheim, comprar uma marca tão icônica parece ser um sonho.

Creio que a distribuição só não tem sido mais rápida por causa da pandemia. Mas, nas minhas andanças nos supermercados, encontrei o produto no Verde Mar, concorrendo com os atuais líderes Ypê e Limpol.

Alex está certo. Ter uma marca com uma imagem tão bem construída é meio caminho andado para o sucesso.

Agora resta saber se o brasileiro "aprendeu" a lavar pratos...

E você? Também conhece ODD?

## LIÇÕES DE TOKYO 2020

Ainda bem que Tokyo 2020 foi adiada, mas não cancelada. Essas Olimpíadas têm sido uma das mais surpreendentes que já aconteceram. Nós, brasileiros, já descobrimos o skate, subimos ao pódio do surfe pela primeira vez, saltamos as barreiras nos 400 metros e aprendemos a nadar em mar aberto com Ana Marcela Cunha. Muita novidade, num período em que a pandemia deixou as emoções à flor da pele.

Contudo, mais relevante que as inéditas medalhas brasileiras, os atletas de todo o mundo resolveram comprovar que a máxima do criador das Olimpíadas modernas, "O importante é competir", continua atual.

Primeiro foi Simone Biles, abrindo mão das provas em favor de sua saúde mental. Agora, os atletas Gianmarco Tamberi e Mutaz Barshim dividem o ouro no salto em altura. Empatados nas três tentativas, preferiram celebrar a amizade dividindo o pódio, como permite o regulamento...

É simplesmente espetacular ver essas histórias que aparecem. Você já sabe: Tamberi entrou em crise após ser desclassificado nas eliminatórias, Mutaz o convenceu a continuar tentando. A imagem que fica é da felicidade dos dois, não só porque ganharam, mas porque o amigo também chegou lá, reforçando o que entendemos por Amizade Verdadeira. Se um deles ganhasse, seria somente mais uma medalha, não um novo exemplo para nos lembrarmos de quatro em quatro anos.

Já estou com saudades dessas noites maldormidas...

E você? Gostou ou concorda com a *Folha* que o empate é uma vergonha?

## O QUE É REALMENTE UM ATENDIMENTO EXCEPCIONAL?

Minha esposa sequestrou minha picape, e lá fui eu fazer uma reunião na Dos Cinco dirigindo o Fiat 500 dela. Acabado meu encontro, entro no carro, viro a chave e... nhé, nhé, nhé, nhé, nhé. Como o painel apagou e o carro tem quatro anos só fazendo revisões, pensei imediatamente: bateria! Deixei o carro estacionado e fui almoçar. Pensei: tempo de ligar pra seguradora e aparecer o reboque. Que nada...

Começou aí minha nova experiência com a Porto Seguro. Já tive uma perda total, e o atendimento deles foi fantástico. Não esperava nada menos do que isso. Entre uma garfada e outra fui atendido pelo Anderson. Perguntas de praxe, tudo certo. Falei da bateria, ele concordou, me ofereceu trocar, demonstrando um bom treinamento para vender serviços extras. Antes de terminar, fui surpreendido. Como contei da reunião, ele vira e pergunta:

— E a reunião? Foi boa?

Até respondi, mas fiquei pensando: o que faz a diferença entre um Bom Atendimento e um Atendimento Excepcional? Com certeza a descrição é igual. Mas, ao perguntar sobre o meu dia, senti que ele estava realmente preocupado com meu bem-estar. Que mais eu poderia esperar?

Fui avisado de que teria que esperar 1h30. Estava no meio do almoço, e o moto-reboque chegou. Nem trinta minutos. Foi só ligar os fios da chupeta e pude voltar pro meu dia a dia. Nenhum incômodo, nenhuma preocupação.

Voltei pra casa pensando: algumas empresas conseguem atingir um nível de excelência em que tudo que fazem é cativante. Não sei você, mas eu sigo apaixonado pela Porto.

## MONJA COEN E AMBEV

Como profissional, sempre gostei de uma polêmica na publicidade. Para certos temas, só causando para que as pessoas parem e pensem no assunto. No dia a dia, nossas opiniões são sempre muito sedimentadas, e algumas delas precisam de dinamite para explodir.

Alcoolismo é um deles. Não dá pra negar que beber é gostoso. E que quem se vicia vai do céu ao inferno. Essa é uma das doenças mais difíceis de combater. Primeiro, porque aparece sutilmente.

Segundo, porque vem de uma sensação boa, no início. E, quando você vê, o alcoólatra está destruindo não só a própria vida, mas a de todos os que o cercam.

Agora, a Ambev causa polêmica ao contratar a Monja Coen para ser sua Embaixadora da Moderação. Uau! Puta coragem, como dizem os paulistas. A dona das marcas Brahma, Skol, Budweiser e outras tantas contratou a figura zen mais pop do Brasil para falar de autocontrole no consumo de bebidas alcoólicas. É como a Jontex pedir pro Padre Marcelo ser embaixador de sexo seguro.

O vídeo em que a Monja fala de consumo é de uma simplicidade impressionante. Se ela tivesse filmado, por iniciativa própria, sem citar a Ambev, talvez fosse até aplaudida. Como tem a empresa por trás, gerou críticas. Mas trouxe luz ao tema. Não sei se gosto ou se também desço o pau.

É inocência pensar que essa ação é uma prova do excesso do capitalismo selvagem ou tantas outras coisas que estão circulando nas redes sociais. No fundo, as discussões são mais sobre "como a Ambev teve coragem de contratar a Monja?" do que sobre o alcoolismo. Mas me acende uma luzinha do limite da busca por personalidades para representar os valores das marcas.

No final, a mesma empresa que contratou a Monja Coen é a que trouxe Anitta para embaixadora da Skol. As personalidades se conflitam ou se completam?

E você? Bebe com moderação?

## UMA NOVA CHANCE PARA A REEBOK

No fundo, o mundo dos negócios é igual aos relacionamentos humanos. As empresas namoram, casam, umas dão certo, outras se separam.

Em 2005, a Adidas anunciou a compra da rival Reebok, no meio de votos de um futuro brilhante. Pagou quatro bilhões de dólares para enfrentar a Nike, principalmente no mercado americano. A Adidas era forte na Europa, queria se fortalecer nos Estados Unidos. Estratégia perfeita.

Agora, 16 anos depois, as marcas se separam. A Reebok foi vendida para a Authentic Brands, dona da Forever 21, por quase a metade do preço, dando um prejuízo de R$ 1,5 bilhão para a Adidas. O que deu errado num plano tão perfeito?

Não sei se você se lembra, mas Reebok era mais um tênis fashion do que algo para esportes. Era aquele tênis descolado que se usava pra ir às festas. Não para uma corrida matinal. Aí veio a fusão e eles viraram a Adidas americana. Tinha tênis pra todo tipo de esporte e tudo.

Posso estar falando bobagem, mas o antigo consumidor se sentiu abandonado. E o novo não se empolgou com a novidade. O resultado, a gente já conhece...

Marca é uma coisa difícil de construir. E fácil de eliminar. Vivo falando para meus clientes: o cliente nunca se envolve tanto com sua marca quanto você. Portanto, mude aos poucos. Dê tempo para as pessoas se acostumarem com as mudanças. No caso da Reebok, parece que 16 anos passaram rápido demais.

Agora é esperar e ver o que o novo dono vai fazer. É um novo casamento se iniciando.

E você? Adidas, Nike ou Reebok?

## NA ESQUINA DO UNIVERSO

Confesso que não consigo nem imaginar o que significam as distâncias relacionadas à foto que o telescópio Hubble fez e a Nasa divulgou esta semana. Nela, a gente vê a formação de estrelas na

Constelação de Gêmeos, que fica logo ali, a 380 milhões de anos-luz da Terra. Imagem linda, com rios de massa estelar indo de uma estrela para outra (pelo menos é isso que eu vejo...).

Trezentos e oitenta milhões de anos-luz! Se você fosse de carro até a Lua, demoraria 200 dias, se não parasse nem um segundo. A luz demora pouco mais de um segundo. Em um ano, ela percorre 9,4 trilhões de quilômetros... Impossível imaginar 380 milhões de anos-luz.

Tudo é feito para desafiar nossa compreensão das coisas. A imagem que a gente vê hoje aconteceu 380 milhões de anos atrás. Portanto, estamos vendo o passado. Pode ser que lá, hoje em dia, exista uma outra Terra, com outras pessoas fotografando nosso sistema solar como era há 380 milhões de anos passados? Pode. Deu tilte na minha cabeça.

Somos excessivamente minúsculos nos tamanhos e distâncias conhecidos do nosso Universo. Mas, ao mesmo tempo, arrogantes para achar que somos o centro desse mesmo Universo. Nossos problemas têm uma dimensão para nós, como se fossem mudar o mundo. Lógico que mudam. Mudam nosso mundo pessoal. Mas, em Gêmeos, as mudanças das estrelas continuam sem nem se abalar. Difícil, pra mim, balancear essas duas dimensões.

Continuo olhando para o céu estrelado todas as noites. Me sentir pequeno faz com que eu ame ainda mais todos os momentos da minha vida.

E você? Onde estará daqui a um ano-luz?

ESCANEIE E VEJA MAIS:

## ENGARRAFAMENTO DIGITAL

Há quanto tempo não falo nem ouço dizer do novo normal? Desnormalizou... Mas uma coisa mudou radicalmente, e não sei se volta ao que era: as pessoas agora se preocupam mais com a velocidade na internet do que no trânsito.

Pois é... Em março deste ano, pela primeira vez, os brasileiros buscaram, no Google, saber mais da velocidade da conexão do que dos engarrafamentos nas ruas. E aí a diferença só cresceu. Hoje, para cada pessoa que quer saber como está o trânsito no mundo físico, duas olham para as condições digitais. Isso diz muito das mudanças da pandemia.

No litoral e nas cidades do interior, o uso do Google cresceu mais de três vezes em 2020, comparado com as capitais. Isso a gente percebeu, com o tanto de gente se mudando nos últimos meses. "Se posso trabalhar em casa, pra que ficar na cidade grande?". E quem disse que no interior trânsito é problema? O que a gente não percebeu é que o uso das redes fixas voltou a ser prioridade sobre o celular. Será?

Para as classes A e B, pode até ser. Mas até nesse ponto tudo está mudando. O acesso à internet subiu 48% entre os mais pobres. Hoje, mesmo nas favelas, seis em cada dez pessoas têm acesso ao mundo digital.

Talvez o trânsito continue sendo um problema para os paulistanos. Bem, até nesse ponto as coisas estão mudando. Sabe qual o estado líder em busca sobre trânsito, comparado com internet? O Amapá!

Realmente estamos num novo normal.

E você? Trânsito ou internet?

## VOLTANDO A CALÇAR MEUS SAPATOS

Creio que a vida está se renormalizando. Só que nada nunca volta ao que era. Como dizia o filósofo: "É impossível banhar-se duas vezes no mesmo rio". Quando você volta, as águas já são outras. E você também já não é mais o mesmo.

Pois esta semana percebi que algo mudou em mim com relação a velhos hábitos que estão retornando.

Fui convidado para uma reunião presencial. Isso mesmo. Pediram minha presença física. Lembro que pensei: "Como assim, presencial? Pra que ter que ir até o outro lado da cidade pra uma conversa de uma hora? Liga o Zoom". Fui.

Na volta, engarrafamento. Me senti enjaulado. O tempo todo olhando pro celular e pensando "quanto tempo perdido. Podia estar fazendo outra coisa, sei lá...". Cheguei em casa com a sensação de desperdício de vida.

Toca meu telefone e é outro cliente querendo uma reunião. Pergunto por qual sistema de vídeo. Zoom? Teams? Meet? Pelo telefone mesmo, ouço a resposta. Outra vez me pego assustado: "Como assim, sem imagem?". Telefone é pra conversas rápidas, as longas são por vídeo, não é?

Mas o que mais me impressionou foi meu alívio ao tirar os sapatos sociais. Ufa! Eles estavam me matando. Descobri que meus pés cresceram durante a quarentena. Não pra frente, mas para os lados, ficaram mais largos. Talvez pelo excesso de liberdade.

Fui dormir com uma certeza: as coisas vão voltar, mas nada será como antes.

E você? Ainda cabe na sua calça de 2019?

## MEGA-SENA? TUDO, MENOS CARTÃO DE CRÉDITO

Saí do café e Isabella Marar Santoyo já estava entrando numa lotérica. Foi jogar na Mega-Sena. Entrei atrás dela. Afinal, eram 40 milhões acumulados, e vai que eu ganho...

Dificilmente jogo. Passei uma fase da vida jogando toda semana e aguardando ansioso o resultado, sonhando com o que iria fazer com todo o dinheiro. Um dia decidi que jogar fazia mais mal do que bem e parei.

Creio que esse é o risco de coisas inocentes como as loterias. Você deixa de viver o dia a dia e escapa pra um mundo melhor, que nunca se concretiza.

Na hora de pagar, voltei ao mundo real. A menina me diz:

— Cartão de débito da Caixa, PIX ou dinheiro...

Como assim? E débito de outros bancos? Crédito? Bitcoin? Não adianta nem argumentar que no site da Caixa eles aceitam crédito, ela finge que não ouve. Pago em dinheiro.

Saí da lotérica pensando: em pleno século XXI, o que leva um banco a não aceitar nem débito de outros bancos? Será que eles desconfiam uns dos outros?

Dá pra ver que não ganhei. Se o resultado fosse outro, que texto você estaria lendo?

## ROUBE UMA BATATA

McDonald's, sempre McDonald's. Este é um comercial do Canadá, que mostra claramente qual é a postura da rede. Nada de falar de sanduíche, nem comparar com outras redes. São líderes e se portam como líderes.

Fala de amizade, da saudade que a pandemia gerou dos encontros, dos lanches com família e amigos, da mudança boa de comportamento que isso causou nas pessoas.

Liderar é isso... saber quando é necessário chamar as pessoas para agir.

Eu amei, Alyssa Buetikofer.

E você? Almoçando com os amigos?

| VALE ASSISTIR DO COMEÇO AO FIM | | OBS.: TEM LEGENDA EM PORTUGUÊS. BASTA CLICAR NO "CC". ACEITO CORREÇÕES NA TRADUÇÃO... DIFÍCIL ACERTAR COM O SOTAQUE DO CANTOR. |

## O FIM DE UM BOM PRODUTO

Peço um Uber. Demora, demora, demora. Um motorista aceita. Cancela. Demora, demora, demora. Outro cancelamento... Demora, demora, demora, finalmente vem um carro. Velho, muito velho.

Chego atrasado à minha reunião. A tempo de ver que não sou só eu. Todos que foram de carro já estavam lá. Depois de mim, chega mais um reclamando da dificuldade de conseguir um carro pelos aplicativos.

— Eles agora veem pra onde é a corrida. Primeiro pegam. Aí, se for curta, cancelam.

Faz sentido... e não. Sentido pro motorista, que escolhe as maiores distâncias, quando ganha mais. E não faz para Uber ou 99, que estão no mercado para atender a todos. Lembro-me do diretor da Uber falando da estratégia deles: chegar a um nível de serviço tão alto a ponto de atender qualquer cliente em menos de 30 segundos. Pediu um carro? Trinta segundos na sua porta. Nessa minha última tentativa de usar o app, só pra procurar um motorista demorava mais de três minutos. A cada cancelamento.

Termino a reunião ansioso. Vou ter que pedir outro Uber. Comento com o porteiro do prédio. Outra explicação:

— Com a gasolina a sete reais, eles escolhem. Se tiver que rodar dois minutos pra pegar o passageiro e a viagem for curta, dá prejuízo.

Depois de três cancelamentos, um motorista aceita. São 35 reais até minha casa. Vejo um táxi e faço sinal. Cancelo o Uber. Sinto como se fosse uma vingança.

Chego em casa e pago 38 reais. Menos de 10% a mais, além de vir pelos corredores de ônibus. Acabo de descobrir o verdadeiro concorrente da Uber: sua incapacidade de entregar o serviço que promete.

Na próxima, nem vou pensar... Já instalei os aplicativos de táxis de novo.

E você? Cansado de esperar também?

## O TEMPO NÃO VOLTA

Ontem, Bella e eu recebemos um casal de amigos para jantar em nossa casa. Cristiana Eugênia Nese telefonou durante o dia sugerindo sairmos. Nós a chamamos para uma refeição mais longa e tranquila, sem a velocidade dos restaurantes. Um casal querido, como diz a Bella.

No meio da noite, entre papos e gargalhadas, a Cris nos conta da morte de um amigo, assassinado num assalto às 15h30 de um dia normal. O ladrão pediu o celular. Recebeu. Exigiu a senha. O amigo da Cris se recusou a ser tão violentamente assaltado em plena luz do dia. Levou cinco tiros. Simples assim.

Cris se fez a pergunta que a gente deveria se fazer todo dia:

— Se eu não fosse estar aqui amanhã, com quem que eu gostaria de passar meu tempo hoje?

A gente vive no automático. Não adianta. É do ser humano. E acaba esquecendo que o amanhã pode não existir. Cris pensou em todas as pessoas com que gostaria de estar sempre e a correria diária não permite. Bom que, entre as várias pessoas que resolveu visitar, lembrou-se de nós.

Isso é o fantástico da vida. A gente vive correndo de um lado pro outro, imersos em pequenos problemas que nos parecem imensas barreiras. E, de repente, acontece algo que nos faz focar novamente naquilo que importa.

O tempo é escasso e a vida não volta. Como diz outro amigo meu, a gente deveria viver duas vezes. Na primeira a gente aprenderia. Na segunda, viveria de verdade. Já que isso não é possível, viver no automático não é uma opção.

Vou tentar ligar pra todos os meus amigos. Todos.

E você? Já se olhou no espelho hoje?

## UM NOVO TIPO DE GOLPE

Sempre imaginei a vida dos criminosos como uma vida normal. O cara acorda de manhã, toma café com esposa e filhos, dá um beijo em cada um e depois vai para o escritório. "À noite, a gente se vê!"

O dia a dia deles é pensar em como ganhar dinheiro com o menor risco possível. Assalto a banco? Nem pensar! Muito fácil levar um tiro dos seguranças. Sequestro? Esquece! A sentença, se for pego, é muito longa... E, com esse raciocínio, vai até achar algo em que o risco seja baixo. E só muda quando a polícia ou as empresas encontram um jeito de dificultar a ação deles.

Parece que agora descobriram um jeito fácil de colocar a mão no dinheiro dos outros, com risco zero: assaltar para roubar não o celular, mas o dinheiro da conta, usando o PIX da vítima. Quer coisa mais fácil? A transferência é imediata, não dá pra cancelar e funciona 24 horas. Você aponta a arma, abre o internet banking da pessoa e transfere todo o dinheiro para a conta de um laranja. E ainda vende o aparelho por um trocado qualquer.

Os sequestros-relâmpago, aqueles em que a vítima fica em posse dos meliantes até a transferência do dinheiro dos bancos, cresceram 39% este ano. O ladrão não precisa mais ir até o caixa eletrônico. Na esquina mesmo dá pra fazer a transação. O tempo do assalto diminui, dificultando a ação da polícia.

O Banco Central anunciou que vai colocar limite no valor da transferência. O correntista decide qual o valor máximo por transação, de dia e de noite. Já fico vendo o criminoso pensando: transferir dinheiro por PIX? Mixaria! Não vale o risco por tão pouco dinheiro...

E, de ação e reação, ele vai mudando de emprego, mas sempre na mesma profissão...

E você? Qual o seu limite no PIX?

## TORTURANDO A ESTATÍSTICA

Adoro matemática e estatística. Costumo dizer que, se você torturar bem os números, eles vão lhe contar o que quer saber. Os exemplos estão por todo lado.

Aqui, nas redes sociais, leio sobre a liderança da Fiat no mercado automotivo: 8 meses no primeiro lugar; 100 mil carros na frente do segundo. Fatos importantes, num mercado tão concorrido.

Rolo o feed e vejo o post da Caoa Chery comemorando o 8º lugar em vendas no mês de agosto. Contando somente as vendas de automóveis, ela acaba de passar a Nissan e a Chevrolet. Aliás, esta última não tem nenhuma matemágica que explique sua queda. A crise de semicondutores atacou todo mundo, mas para a GM foi uma verdadeira bomba atômica!

Nem me acostumo com as mudanças de posição e vejo um texto sobre a Peugeot, a montadora que mais cresceu em vendas em 2021...

A Fiat é grande em números absolutos, a Caoa Chery e a Peugeot, nos relativos. Todos estão certos, e a matemática continua fazendo sentido. E qual a importância disso? Ninguém quer ficar do lado dos perdedores. Então vença, nem que seja nos cálculos.

Não importa seu mercado, com certeza tem alguém torturando os números. Você sabe quem é? Está pronto pra reagir?

## A INOCENTE MALDADE INFANTIL

"Quem é Madonna?"

Adoro a maldade infantil de quem é inocente. Assistindo a *Cinderela* na Netflix, tocou uma música da Madonna e minha esposa fez algum comentário com minha filha. Que fez a pergunta acima, na maior tranquilidade.

Minha cabeça disparou: Como assim? Como não conhece a Madonna? A cantora que revolucionou o showbiz? Que só perde para os Beatles no ranking da Billboard? Trezentos milhões de discos vendidos? Dei um pequeno sorriso, enquanto Bella tentava explicar quem era a cantora.

Lembrei-me na mesma hora de outro caso, com meu filho, ainda criança. Resolvi mostrar a música *Time* de Pink Floyd pra ele. Iniciá-lo nas boas músicas, isso aos sete anos. Deu o veredicto no início:

— Essa música é velha, pai...

— Como você sabe?

— Olha o barulho dos relógios. Isso não existe mais...

Criança é sábia. Pena que perdemos isso aos poucos, enquanto crescemos. Nada dura para sempre. E, se você quer ser sempre lembrado, tem que conquistar sua audiência, sua clientela, todos os dias.

Deveríamos olhar as coisas todos os dias com a inocência de uma criança descobrindo o mundo pela primeira vez. Esse é um exercício ótimo para entendermos como evoluir, a nós mesmos e a nossos produtos e serviços.

Sempre tento manter um olhar fresco para a vida. Tem me ajudado muito. Mas não impede de me surpreender ao ver que dentro da minha casa alguém não conhece a Madonna...

E você? Como anda seu olhar para o mundo?

## SERÁ QUE AINDA VALE A PENA?

Oferta e procura. Assim como a gravidade, é outra lei contra a qual não dá para lutar. De vez em quando, um ou outro governo tenta, mas, depois de um tempo, o equilíbrio volta.

Pois é a melhor explicação para os aumentos de tarifas anunciados por Uber e 99 recentemente. Com o preço defasado, um em cada quatro motoristas de aplicativos parou de trabalhar. Fora os demais, que passaram a escolher corridas e, com isso, a recusar com frequência aquelas pouco lucrativas.

Uber e 99 acusaram o golpe. Questão de credibilidade. Você chama um, dois, três, ninguém aparece... aí se cansa e lembra do bom e velho táxi. Que, aliás, se modernizou, passou a aceitar cartão de crédito, além de ter criado seu próprio app. Quer maior ameaça para as startups do que perder os clientes para os serviços que tentaram substituir?

A 99 foi clara. Vai subir 25% as tarifas, e quem paga é o consumidor. A Uber falou de 35% e não explicou de onde virá essa diferença.

Só falou que o consumidor continuará pagando o valor de sempre. Dá pra acreditar? Acho que não. Ainda mais que eles não têm preço fixo e usam e abusam da famosa tabela dinâmica.

De toda forma, preço mais alto é uma vantagem, novamente, para os táxis. Se a diferença diminui, muita gente vai preferir voltar para a antiga versão do transporte público.

Aonde isso vai parar? Num novo equilíbrio entre oferta e procura. Que nunca acontece, pois a gasolina vai subir, o preço da tarifa de táxis vai mudar, e por aí vai...

No fim, ganhamos ou perdemos todos. Mas a lei? Essa não muda...
E você? Uber, 99 ou táxi?

## VIRE ESPIÃO

1996. *Missão impossível*. Ethan Hunt se prepara para invadir alguma fortaleza cercada de segurança por todos os lados. Começa a tocar a musiquinha e você fica tenso. Algo vai dar errado. Sempre dá! Mas aí aparece o mago da tecnologia e dá um óculos para ele, com uma microcâmera. Pronto! Agora, pelo menos, Ethan não está mais sozinho.

2021. Mark Zuckerberg, do Facebook, anuncia que agora todos podemos ser espiões. Por apenas US$ 299, você pode comprar um óculos com câmera, que filma e tira fotos. Muito barato. Ainda mais que é um Ray-Ban. Lógico que algo pode dar errado, como nos filmes. Mas pelo menos você terá a filmagem para mostrar que a culpa não foi sua.

Não me interprete mal. Adorei os óculos. Não são nenhuma novidade. Existem dezenas de anúncios de óculos com câmera na internet. Nenhum tão charmoso ou bem-feito como os recém-lançados. Conhecendo a capacidade de empresas como FB ou Apple de pegar itens normais e torná-los objetos de desejo, creio que essa é a nova febre do verão.

A primeira empresa que deve sofrer com o lançamento é a GoPro. Sabe? Aquelas câmeras pequenas que todo motoqueiro e ciclista coloca em cima do capacete? Vai passar por um tempo ruim, pois o novo produto é mais prático. Põe no rosto, aperta um botão e pronto.

Mais formas de usar vão aparecer rapidinho. Já estou esperando o momento de colocar as mãos em um. De uma coisa tenho certeza: vou desligar a luzinha que indica que ele está filmando. Afinal, espião que é espião faz tudo pra não ser notado...

E você? Prefere ainda a sua Sony de fita?

## SOU APENAS UMA GELADEIRA

Ai, ai... serviço é sempre um problema. Se tem algo que pode gerar insatisfação, estamos falando do pós-venda. Você compra um produto, é só felicidade. Tem alguma questão? Prepare-se para a novela.

Não vou falar mal de nenhuma empresa. Essa nunca é minha intenção. Vou chamar a atenção para como, por pequenas ações, você pode prejudicar a imagem da sua marca.

Tenho uma geladeira duplex em casa, daquelas que fazem gelo. Pois parou de funcionar, no meio desse calor infernal. Bella agendou para amanhã um serviço do pós-venda. Como acordei meio estranho e fiquei em casa, tomei a vacina ontem e devo estar virando jacaré, resolvi antecipar para hoje a visita do técnico.

Liguei e expliquei o caso pra atendente. Que me respondeu de bate-pronto:

— Não tem jeito, meu senhor. Todos os técnicos já saíram pra rua com suas ordens de serviço.

Agradeci, desliguei e aqui estou. Pense comigo: já inventaram o celular? Já existe forma de falar com as equipes, mesmo que não estejam na empresa? Acho que sim...

A questão não é um grande problema. Mas custava a atendente dizer que iria fazer um esforço, que ligaria para os técnicos, mesmo que depois voltasse e me dissesse "infelizmente..."?

A postura é de quem não entende o consumidor. Para ela, sou só uma geladeira precisando de conserto. Para mim, sou alguém avaliando de qual marca comprar meu próximo eletrodoméstico.

Acho que vou ser infiel...

E sua empresa? Tem se preocupado realmente com o consumidor?

## CRAIG. DANIEL CRAIG

Às vésperas de ter o lançamento da última aventura de 007 adiado por causa da quarentena, a Heineken colocou no ar um comercial brincando com o ator Daniel Craig e o seu personagem.

É quase uma maldição. Todo ator que fica famoso por um papel acaba preso na imagem criada. Muita gente passa a achar que ele e o personagem são uma mesma pessoa, e as confusões começam a acontecer.

Daniel Craig diversas vezes deu entrevistas falando que não aguentava mais interpretar o conhecido espião inglês. A Publicis italiana pegou o espírito e criou um comercial para a cerveja que é mais do que criativo. É divertido. E vale a pena ser visto.

## BOTÃO DA CAMISA E O COMPORTAMENTO HUMANO

Já reparou que o botão da sua camisa é o mesmo desde sempre? Lógico que não estou falando de uma camisa em especial, mas da solução que você usa todos os dias para se vestir. O botão, que já era conhecido 3 mil anos antes de Cristo, é uma solução antiga, mas que ninguém olha e diz: que coisa velha!

Do mesmo modo, cadeira, pratos, talheres, todos objetos que são conhecidos há milhares de anos. Passam por transformações tão lentas que são quase imperceptíveis. E se pensar em objetos mais novos, como os automóveis, ou em salas de aulas, tudo tem sido como sempre e a gente não repara.

Temos um comportamento, como seres humanos, muito interessante. Adoramos falar de mudança e ao mesmo tempo procuramos manter as coisas como estão. Temos uma curiosidade com relação à inovação e um medo do que isso pode significar.

Estava pensando nisso enquanto preparava meu curso de gestão. Apesar de todas as ferramentas tecnológicas que apareceram, ser gerente continua sendo um ato de gerir recursos. No fundo, sempre os mesmos: *tempo*, que é inelástico. *Gente*, que é indomável. E *dinheiro*, que nunca é suficiente.

Temos ferramentas surgindo, como as Metodologias Ágeis, que se adéquam mais à velocidade das startups e invadiram as empresas como um todo. Mas mesmo as novidades tentam controlar o que a gente sempre soube:

*Ser gerente é fazer com que as coisas aconteçam.*

E você? Qual seu estilo de gestão?

## SERÁ QUE É O MESMO LEITE MOÇA?

Paula Sauer é fera! Professora da ESPM, manja tudo de economia. Adoro nossos papos sobre o que vamos descobrindo no mercado. Pois não é que nosso novo tema é a embalagem de Leite Moça e o que isso significa em termos de comportamento do consumidor?

Recapitulando: em junho, a Nestlé deu férias para a tradicional camponesa do rótulo do Leite Moça e a substituiu por mulheres atuais e brasileiras. Como dizem os paulistas, puta jogada de marketing! Atualiza a imagem, gera um número enorme de matérias, engajamento etc. E comemora os 100 anos do produto.

Saímos que nem loucos procurando a novidade. Não achamos em lugar nenhum. Precisou de três meses para chegar ao varejo. E trazer uma prova de como somos irracionais.

As embalagens convivem nas gôndolas. E o produto com a gravura tradicional gira mais rápido. Além de a embalagem Tetra Pak da camponesa custar mais caro do que a lata das brasileiras.

O que pode estar acontecendo? Nos poucos segundos que o consumidor leva para pegar e colocar o produto no carrinho, deve estar evitando a embalagem desconhecida. Será que é o mesmo produto, Leite Moça mesmo? Na dúvida, pega o tradicional e não corre o risco.

Não fomos a tantos pontos de venda assim, para ser uma estatística. Mas onde há fumaça, há fogo.

Tenho as duas em casa. Vou abri-las e comparar o gosto. Vai que é diferente mesmo...

E você? Modernidade ou tradição?

# É APROXIMAÇÃO?

Crianças! Sempre fazendo perguntas difíceis de responder, não é mesmo? Minha filha pega minha carteira, abre e pergunta:

— Pai, pra que tanto cartão, se você nunca usa?

Tive vontade de responder na lata: "Você não sabe... Não está do meu lado o dia inteiro", mas me contive. Em todas as vezes que ela me vê pagando algo, sempre uso o celular. O pagamento por aproximação entrou totalmente na minha vida.

Estranho pensar que no final de 2018 meus alunos da ESPM fizeram um trabalho sobre como aumentar o uso do pagamento por aproximação, incentivados pela Mastercard. Na época, pouquíssimas pessoas queriam trocar o uso físico do plástico pelo novo sistema. Tinha gente com medo que, se algum espertinho chegasse escondido com a maquininha perto do bolso, o pagamento fosse automático...

Aí veio a pandemia e mudou tudo. Se, no início, nem os motoboys sabiam como usar o sistema, hoje as duas perguntas que todo mundo faz são:

— É aproximação?

— Débito ou crédito?

Os hábitos mudam, e a gente nem se dá conta. Olho para minha carteira e penso: "Por que transporto tanto peso morto? Creio que minha filha está certa. Está na hora de jogar no lixo esses plásticos que não têm mais utilidade...".

E você? Ainda usando dinheiro?

## BOND. JAMES BOND

Como você constrói uma marca? Como faz para as pessoas reconhecerem seu produto? Se fosse uma coisa fácil, todas as empresas cresceriam para sempre, não é mesmo?

É tempo de estreia do novo filme do 007, e não tem como não pensar nisso. O 25º filme do espião é um ótimo exemplo do que se necessita para criar uma marca de sucesso.

Primeiro, você precisa entregar o que promete. No caso de James Bond, uma história de espião, eletrizante do início ao fim. Os filmes da franquia que não foram bem de bilheteria foram os que falharam no básico.

Depois, você precisa criar elementos que diferenciem o seu produto dos concorrentes. Sentado numa sala escura de cinema, seu cliente precisa perceber que não está assistindo a mais uma aventura do Ethan Hunt, em *Missão impossível*. E, nisso, o 007 dá um show. Desde o smoking aos carros esportivos, os símbolos se repetem, independentemente da nova aventura.

Mas se está construindo uma marca, pense em todos os sentidos. Por isso, sempre que ele se apresenta, repete: "Bond. James Bond". Ou, quando pede seu Dry Martini, ensina ao barman: "Batido, não mexido". Música, então... tan, tararan, tararan... Você sempre ouve a mesma trilha pontuando os momentos de maiores ações.

Somos todos movidos por sentimentos conflitantes. Adoramos o novo, mas desejamos o conhecido. As melhores marcas são estas: as que trazem a novidade envolta num clima de tradição. Como se dissessem: é mais uma novidade da marca que você tanto gosta.

Acho que vou pro cinema ter mais uma aula de marketing...

## UM NOVO ASTRO DA ROBÓTICA

"Que fofinho!" Acho que é essa a reação que a Amazon quis que as pessoas tivessem ao ver seu novo produto, o robô Astro.

Lançado esta semana, esse é mais um passo para termos robôs com formas e gestos humanos no nosso dia a dia. Não é o caso ainda de Astro. Ele se parece mais com um cachorrinho, o que já diminuiria a resistência da maior parte das pessoas. Um cão que não reclama, não precisa levar pra passear e não fica urinando pelos cantos.

O vídeo de lançamento tenta mostrar quantas coisas boas o robô pode fazer. Esqueça. Ele é legal porque é legal. Só isso bastaria pra quem se liga em tecnologia. Imagina, pagar mil dólares num tablet com rodas só pra ele olhar se você desligou o fogão! Quantas vezes precisa fazer isso pra ter valido a pena comprá-lo?

Não fique tentando achar desculpas racionais pra falar que você também quer um. Já comece a juntar dinheiro, pois, se não for o Astro, em algum momento você vai ter algum outro descendente dele.

Afinal, não foi à toa que a Amazon colocou aqueles olhos imensos na tela inicial.

Você vai se apaixonar...

## 80% MENOS PLÁSTICO

Impressionante como pequenas coisas nos deixam felizes. Recebi minha nova escova de dentes. Você ficou aí se perguntando: "E por que isso poderia deixar alguém animado?". Porque é a prova da evolução do ser humano!

"Murilo, você fumou um hoje, não foi?"

Nada disso. Você e eu sabemos que, se não tomarmos cuidado, os recursos naturais vão acabar. E o lixo só vai aumentar. Pura questão de sustentabilidade. Ou a gente resolve isso, ou o futuro vai ser muito difícil.

A Colgate está fazendo a parte dela. E inteligentemente. Em fevereiro, lançou uma escova com o corpo feito de alumínio que troca somente as cerdas. Você usa a escova e, quando fica velha, desatarraxa a cabeça e a substitui por uma nova. Simples assim. Me apaixonei na mesma hora. E não via a hora de comprar uma.

Felizmente, trouxeram pra cá rapidamente. Ainda está difícil de achar nas drogarias, mas comprei a Colgate Pro Planet pela internet. Cara. Mas sinto que estou fazendo minha parte.

A escova tem 80% menos plástico. Considerando que mais de 100 milhões de escovas são descartadas no Brasil por ano, seriam 80 milhões de plásticos a menos demorando a se decompor nos diversos lixões. Se cada empresa fizesse o mesmo, seria um salto e tanto!

Vou escovar os dentes um pouco mais feliz hoje. Em cada pequeno ato que faço, sinto que contribuo para um futuro melhor.

E você? Como tem contribuído para o mundo dos seus filhos?

## ABSTINÊNCIA DIGITAL

"Zuquinho, você pagou a conta de luz?"
"Nossa, amor! Esqueci completamente. Vou ver se pago agora."

E foi por causa desse atraso que a gente ficou ontem a tarde inteira sem Facebook, nem Instagram, e muito menos WhatsApp. Que nem viciados, tivemos crise de abstinência durante as poucas horas que as redes sociais não funcionaram. As piadas não demoraram a aparecer, bem como as alternativas. Teve gente instalando o Telegram, outros usando o iMessage, mas a maior parte se contentou em esperar, roendo as unhas.

Eu mesmo saí da aula, na ESPM, e pensei que estava apertando algum botão errado. Só fui perceber que era um problema do FB quando as notícias começaram a aparecer na imprensa. Todo mundo noticiou, com um tom de "Yes!!! Eles também falham". Uma vingancinha meio boba, mas gostosa de ter...

O que deu pra perceber é que o vício já se instalou. Não é mais uma questão de gastar uns minutos vendo a vida dos outros. Agora são horas. E muitos dos contatos profissionais que fazíamos por e-mail migraram com toda a força para o WhatsApp. Dá pra viver sem? Dá. Mas que vai ser barra, vai...

No fundo, foi bom para entendermos o que pode ser o mundo sem as redes. Ou o tanto que estamos reféns de uma empresa dominando essa área.

Da minha parte, já quero pensar em alternativas. Vai que, como ocorre nos filmes-catástrofe, acontece algo impensável e a eletricidade some num passe de mágica. Sem Insta eu fico. Mas sem meu computador, minha geladeira, meu ar-condicionado, minha tevezinha, meu elevador... Vixe, virei elétrico e não percebi.

Zucka, vê se não esquece de pagar as contas!

### O QUE FAZ UMA MARCA?

Não. Eu não virei funcionário da Amazon, nem eles estão lançando um produto com meu nome, como a marca que você pode ver acessando o *QR Code* a seguir pode fazer você pensar. Este post é para mostrar como é simples construir uma marca. Demorado, mas simples.

Já sei o que você pensou: "Fácil, né? Com todo o dinheiro que eles têm, até eu faço igual". Aí que você se engana. Eles têm toda essa grana porque se preocupam com os detalhes desde que eram apenas uma sala, um computador e a cabeça do Jeff Bezos.

Você reconhece a Amazon na imagem por dois pequenos pontos: o tipo de letra, que tirei do próprio site deles, e a seta na parte de baixo do logotipo. Mas o que a faz, realmente, ser reconhecida é a característica mais importante que uma marca deve ter: a consistência.

Esse é o segredo. Amo repetir isso: a gente se cansa das nossas comunicações muito antes do que nossos consumidores. E faz sentido. Para quem trabalha na Amazon, por exemplo, essa pessoa passa o dia inteiro vendo essa seta sorridente na frente. Todo dia, o ano inteiro. Aí pensa: "Nossa! Está na hora de renovar. Ninguém aguenta mais".

Só que o consumidor, não. Ele não tem todo esse envolvimento, por mais fã que seja da nossa marca. Quando a gente se cansa, aí que ele começa a reconhecê-la, de verdade.

Então, da próxima vez que pensar em mudar tudo na sua comunicação, pense duas vezes. Paciência, consistência e caldo de galinha não fazem mal a ninguém.

## AINDA VAMOS SER TODOS VEGANOS

Você sabe que seu futuro é parar de comer carne, não sabe? Pode até lutar contra, mas vai virar vegano. Ou, no mínimo, vegetariano. Se ainda não notou, a onda de produtos à base de plantas está crescendo de uma marolinha para um verdadeiro tsunami.

Já sei o que você pensou: "Não, Murilo. Você está errado. Nem por decreto vou comer essa comida sem gosto".

Sinto informar, mas é puro preconceito. Se pensar um pouco, vai ver que comida é uma questão cultural. Pense na sua avó. Ela tinha o mesmo tipo de resistência aos alimentos prontos. "Comida de verdade é aquela que a gente faz em casa. Nada de vir pronto da fábrica..." E taca ficar horas e horas com o umbigo no fogão.

Os alimentos processados liberaram as mulheres. Para trabalhar, para pensar, para viver. São parte da revolução feminista. Os veganos vão permitir um alívio do peso na consciência.

À medida que a população de cães e gatos vai crescendo e vamos humanizando os animais domésticos, o desejo por não maltratar bois, porcos e outros bichos cresce também. Aí, soluções como a linha Veg&Tal, da Sadia, e Hellmann's Vegana, da Unilever, serão mais presentes na sua casa num futuro próximo. Até chocolate: KitKat Vegan foi lançado pela Nestlé, em versão limitada, mas foi.

No dia em que estiver menos rabugento, experimente um produto vegano. Vai descobrir que o gosto é tão bom quanto os demais produtos. Aí vai ser o início para aceitá-los, como aceita produtos diet como uma opção comum.

## BEAM ME UP SCOTTY!

Dinheiro e poder. Duas razões pelas quais a humanidade caminha pra frente. Duas razões pelas quais as pessoas se digladiam.

Amanhã, Jeff Bezos lança sua Blue Origin ao espaço com um convidado especial: o Capitão Kirk de *Jornada nas estrelas*. William Shatner, 90 anos, vai ser o homem mais velho a fazer uma viagem suborbital. E, magicamente, vai unir a ficção à realidade. Depois de décadas viajando num faz de conta, "onde ninguém jamais esteve", agora vai realmente se tornar um explorador.

Mas o que isso tem a ver com dinheiro e poder? Tudo. Aqui, na Terra. Bezos e Elon Musk estão lutando pra ver quem vai ser o Mister Universo. Com direito até a briguinha no Twitter. O prêmio final é se tornar não somente o homem mais rico, mas passar para a História.

A primeira corrida espacial tinha tudo a ver com poder. Eram duas potências tentando mostrar para o mundo quem mandava mais. Os americanos ganharam a corrida, os russos se concentraram nos seus problemas internos, e ninguém mais quis voltar à Lua. Como não tinha lucro financeiro, as empresas se concentraram em usar as novas tecnologias para ganhar dinheiro por aqui mesmo.

Agora, a corrida é pelo dinheiro. Outro nível. Mais baixo, talvez. Vai dominar as rotas espaciais quem parecer mais competente e inovador. Por isso, todas essas jogadas de marketing.

Vamos ver Kirk saindo ao espaço amanhã. Como ele dizia nos seus filmes: "Tire-nos de órbita, senhor Bezos".

## EM BOCA FECHADA NÃO ENTRA MOSQUITO

— Isto aí é uma câmera? — pergunto ao motorista da 99, puxando papo.
— É...
— Grava por dentro e por fora?
— Sim...
— É da 99?
— Sim...
— Quanto custa?
— 9,90 por semana...

Com tanto motorista de aplicativo que fala pelos cotovelos, daqueles que dá vontade de parar a corrida, peguei logo um que mal sabia falar bom-dia. Mas minha curiosidade era maior que o mau humor dele, e continuei a torturá-lo. Acabei descobrindo quase tudo sobre esse serviço da 99 para seus afiliados.

Tecnologia é boa quando resolve um problema da gente, não é? E é isso que a câmera faz. De acordo com a empresa, o número de assaltos e outras ocorrências caiu 60% depois que começaram a oferecer o monitoramento. Lógico. O malandro, quando pede o carro, recebe o aviso de que a viagem é gravada. Ladrão que é ladrão quer correr pouco risco. Recusa a viagem e o sistema oferece outro carro. Ou vai de Uber...

Vinte e sete por cento dos motoristas dizem que se sentem mais seguros com a presença da câmera. Eu me sentiria 100%. Ela poderia até não gravar, que creio que o resultado seria o mesmo. Mas o sistema ainda conta com um botão de pânico. Escondido, é só o motorista apertar para que a central saiba que algo de estranho está ocorrendo. E, pelo GPS, pode localizar o carro e mandar ajuda.

Achei fantástico. Daquelas coisas simples que fazem você gostar de uma marca. Insisti e perguntei pro meu amigo rabugento:

— Está gostando do serviço?

— Tô...

Da próxima, troco de carro...

## TED LASSO

Chegou ao fim a 2ª temporada de *Ted Lasso*. O quê? Você não viu? Nem a primeira? Está esperando o quê? Ah! Não assinou Apple+? Então assine, assista e depois cancele a assinatura. Vai descobrir que, diferentemente das empresas brasileiras, não vai ter problemas, nem passar raiva para cancelá-la.

Mas voltando à série... *Ted Lasso* talvez seja uma das melhores séries que já assisti. Aulas de gestão, uma após a outra. Tem tudo lá.

A estória, que abusa do humor e da emoção, é bobinha. Esposa é abandonada pelo marido e, na partilha dos bens, vira dona do time de futebol dele. Pra fazê-lo sofrer, contrata um técnico de futebol americano, para garantir que eles vão de mal a pior no campeonato. Sabe? Uma coisa é jogar bola com os pés, outra é jogar com as mãos...

Chega Ted e muda tudo. Otimista incorrigível, ele é técnico com T maiúsculo. Se você gerencia pessoas, precisa assistir. Tem lá o subordinado que quer sempre jogar sozinho, aquele que é genial e a quem ninguém nunca dá valor, o outro que cresce profissionalmente e muda de caráter, todos os problemas que a gente tem no dia a dia.

Como todo gestor, nem sempre Ted acerta. O time não ganha todas, mas sempre tem uma lição de como as coisas são feitas pelas pessoas e através delas. Que o grupo é mais importante do que o indivíduo. Me apaixonei.

Se não sabe o que fazer no fim de semana, prepare-se para maratonar essa série. E, depois, se una a mim para esperar, ansiosamente, a terceira temporada.

## SUSTENTABILIDADE NOS PEQUENOS GESTOS

Sempre que peço uma água de coco no Parque Ibirapuera, me vem a mesma dúvida: por que o vendedor coloca a tampa num frasco individual e pequeno, se a primeira coisa que vou fazer é tirá-la? E não adianta dizer que não quero. Ele sempre coloca, no automático.

Agora, parece que alguém na Nestlé teve o mesmo pensamento que eu. Mudaram a garrafa de Nescau e eliminaram a tampinha. O lacre de alumínio continua, o rótulo subiu até onde ficava a tampa, e o produto foi para as gôndolas dos supermercados. Dá pra ver que foi coisa recente, pois ainda não mudaram o molde da garrafa e a rosca continua lá.

Você pode até argumentar que é greenwashing. Que eles estão só fazendo um movimento para parecer que se preocupam com o meio ambiente, que é tudo jogada de marketing. Eu discordo.

Cada ação dessas, por menor que seja, diminui o impacto negativo. Não dá pra pensar que, magicamente, não continuaremos consumindo e gerando lixo. Que vamos eliminar, de um dia para o outro, todos os plásticos do mundo. O que precisamos fazer é olhar para o que fazemos, como empresas ou indivíduos, e buscar soluções, mesmo que pareçam pequenas demais.

Tomei o Nescau e fiquei feliz de não jogar fora mais uma tampinha.

E você? Como anda pensando a sustentabilidade?

## O NOVO PARQUE DO IBIRAPUERA E A LGPD

Vendi meus dados pessoais para a Ambev por menos de cinco reais. No fundo, foi isso que aconteceu quando, ontem, parei no triciclo promocional deles, no Parque Ibirapuera, divulgando a chegada da Michelob Ultra no Brasil.

A ação era simples: você se cadastrava, via *QR Code*, e ganhava uma garrafa da cerveja. Como ela custa menos de cinco reais nos supermercados, esse é o valor que me dei ao entregar meus dados para eles. Sou barato ou não sou?

Vi diversas pessoas fazendo o mesmo. Ou seja, em plena discussão sobre privacidade de dados, com a criação da LGPD e tudo, basta um simples brinde pra gente esquecer e jogar tudo pro alto.

O mais interessante, porém, foi ver a nova postura do Parque Ibirapuera. Quando era do governo, nada podia. Nenhuma promoção, nenhuma marca. Bastou passar pra iniciativa privada para abrir espaço para ações de toda forma. Como homem de marketing, só posso aplaudir. Mas não abusem, hein?

Se para fazer do parque um lugar bem conservado eu precisar atrair as empresas, vendendo barato meus dados, pode apostar que vou entrar nesse jogo.

Mesmo quando o brinde for uma cerveja, algo que não tenho o costume de tomar...

E você? Venderia ou não seus dados?

## UM LACRE DE ALUMÍNIO E A FRICÇÃO

Sou o abridor oficial de embalagens na minha casa. Principalmente de leite. Acontece que os lacres das garrafas de uma certa marca insistem em romper e não abrir corretamente. É uma loteria: uns abrem facilmente, outros não.

Até por conta disso, normalmente prefiro comprar uma marca concorrente, quando a encontro. E aqui está a questão deste post: a gente perde clientes por não entender o que causa fricção na relação.

Fricção? Isso mesmo. O termo é pouco usado, para a importância que tem. Desenvolveu-se principalmente por causa dos aplicativos e de outros produtos digitais. Diz respeito a tudo aquilo que causa uma certa dificuldade para nosso consumidor, ao se utilizar de nossos produtos ou serviços.

Dessa forma, ele vai buscar sempre aquele que é mais fácil. Como a gente diz hoje em dia, mais amigável.

Creio que o mistério em diminuir a fricção é a gente usar os produtos que vende, testar os canais que colocamos à disposição dos nossos clientes. Se todos testassem os call centers das suas próprias empresas, talvez o jeito de atender fosse bem melhor.

Do meu lado, continuo xingando o fabricante toda vez que o lacre se rompe e não consigo abrir o meu leite...

E você? Como testa a fricção da sua empresa?

## ZUCKERBERG ATACA DE NOVO!

O Facebook vai mudar de nome e você vai aprovar isso.

Vazaram ontem os planos de Mark Zuckerberg de trocar o nome da sua empresa para algo totalmente novo. Talvez aconteça na sua convenção anual, dia 28 deste mês.

Qual é a questão? Existe uma confusão entre Facebook, a empresa, e Facebook, o aplicativo. Como tinha no Google também. Lá, eles resolveram em 2015 criando a Alphabeth. No início, era estranho. Agora não é mais.

Assim, os FB devem seguir a mesma trilha. O nome original já não representa o que atualmente são. Os aplicativos, entre os quais figuram WhatsApp e Instagram, são um braço já desenvolvido. Chegou a vez de apostar no Metaverso, o mundo virtual paralelo que toda empresa de informática está tentando desenvolver. Os óculos de realidade aumentada, em que Zuckerberg está investindo, é um começo dessa nova divisão.

Marca é um negócio sério. A companhia já havia demonstrado a vontade de separar as duas quando, em 2019, criou logos diferentes para cada uma. Desta vez, dá um passo mais largo, separando, de vez, mãe e filha. Só assim para não sofrer de velhice, que é o que parece ter virado o aplicativo...

Semana que vem a gente descobre se a fofoca procede.

## OS NOVOS CELULARES SOBRE RODAS

O mercado de carro elétrico na China está bombando! A previsão é de que vendam 1,9 milhão de carros este ano, quase todo o mercado brasileiro. Isso vai fazer deles, os chineses, os líderes dessa tecnologia.

Pra deixar mais interessante ainda essa mudança de comportamento, agora a Xiaomi, a segunda maior empresa de celulares do mundo, anunciou que, até 2024, vai passar a vender seus próprios modelos elétricos. Peraí... Tá errado isso aí, Murilo... Não tá, não. A Xiaomi, de produtora de smartphones vai virar fábrica de carros. Serão 10 bilhões de dólares em dez anos para mostrar para o mundo o que eles são capazes de fazer. É muita bala na agulha.

Considerando que, em 11 anos, saíram de zero, já atropelaram a Apple e encostaram na Samsung, creio que vem nova briga por aí, agora com Volkswagen e Toyota. O mais importante é que abre a temporada para as fabricantes de celulares invadirem, de vez, o mercado dos carros autônomos e elétricos, a nova fronteira da mobilidade.

Duvido que as demais não anunciem seus planos em poucos meses. Ninguém vai querer ficar de fora. E vamos ver o mercado se desenvolver de verdade, com os investimentos de todos querendo virar referência...

No ano passado, eles já haviam testado conceitos no Baojun E300, marca resultante de uma joint-venture entre SAIC-GM-Wuling. E o carrinho é uma graça, quando se fala de tecnologia. Agora, chegou a vez de mostrarem que não dependem dos outros.

Já estou esperando quando os elétricos vão custar tanto quanto um telefone. Se acontecer isso, *bye-bye* gasolina.

## SERVIÇO NOTA 10 É SUFICIENTE?

Parei pra abastecer. O frentista veio, perguntou se eu queria que calibrasse pneus, água, óleo, tudo certinho. Do início ao fim, serviço bem-feito. Saí com uma certeza: não volto mais lá.

Não sou fiel a nenhum posto de abastecimento em especial. Creio que peguei o hábito de variar quando trabalhei na Shell. Mas minha decisão se deve à expectativa do que é um bom serviço. E, para azar daquele posto, e de todo mundo que trabalha vendendo, o consumidor é um bicho irracional e subjetivo. O suficiente nunca é suficiente.

Esse é um ponto interessante. O que me satisfaz não é exatamente o mesmo para você. Mas, é claro, existe um mínimo esperado. E, quanto mais alto e longe estamos dessa expectativa, a mais pessoas uma empresa agrada.

A questão sempre é como medir a satisfação. Para isso, tem sempre aquelas pesquisas que lhe perguntam: "você indicaria nossa empresa" ou "ficou satisfeito"? E aí, te classificam como promotor ou detrator da marca. Sua nota foi menos que seis? Acende a luz vermelha na empresa. E algo precisa ser feito. E taca de telefonar e investigar o que está acontecendo.

Voltando aos postos, nem eu sei o que espero pra virar fiel a algum deles. Sou meio esquisito? Tenho certeza. Mas o mundo está cheio de pessoas estranhas. E nosso papel, como profissionais de marketing, é entendê-las e entregar a melhor experiência que elas poderiam ter.

Você tem se esforçado pra isso?

## PEITO MASCULINO É IMORAL?

Estranho perceber que o Outubro Rosa, aquele que luta contra o Câncer de Mama, esteja mais fraco. Pelo menos é minha percepção.

Depois que cada mês passou a significar uma cor e os laços, coisas diferentes, o que vi foi a energia dos primeiros anos ser diluída.

Esses movimentos sempre geram a possibilidade de bons comerciais. Normalmente, agências criam mais livremente, apoiando organizações e fundações que, sem essa criatividade, não teriam como chamar a atenção para suas mensagens.

Em 2016, a argentina Movimiento de Ayuda Cáncer de Mama, MACMA, e a agência David lançaram uma campanha nas redes sociais que explodiu em todo o mundo. Aproveitando a censura que Facebook e Instagram fazem contra a exposição de peitos femininos nus, criaram o comercial deste post.

Mais do que a luta contra o câncer, o que mais gosto é a exposição de um preconceito estranho que existe: peito feminino é algo imoral, que não pode ser mostrado em público. O masculino, não.

O humorista Jô Soares fez, durante anos, uma pergunta aos seus entrevistados: "Peito feminino é ou não é órgão sexual?". Lógico que ela confunde uma questão biológica com outra, moral. Mas, no fundo, expõe o mesmo preconceito, só que em outro ângulo.

De toda forma, a campanha é genial e merece o sucesso que fez. Agora, é esperar o Novembro Azul e ir fazer o exame de próstata...

ESCANEIE E VEJA MAIS:

## OS NOVOS SOFTWARES AMBULANTES

Com o anúncio dos carros da fabricante de celulares Foxconn, a serem lançados no mercado em 2023, cheguei a uma conclusão: não estamos mais discutindo o futuro da indústria automobilística. Estamos vendo o aparecimento de um novo segmento de transporte.

Pense comigo: toda vez que surge uma nova indústria, surgem centenas de empresas com diferentes soluções tentando virar o dono do pedaço. Veja os aparelhos elétricos. No início do século XX, se multiplicavam como coelhos. Com os bancos digitais acontece o mesmo, agora, no Brasil. Todo dia lançam um. O tempo passa e a maior parte some. Ou fechando, ou se fundindo com outras empresas.

Entre 1890 e 1950, mais de 1.500 empresas fabricaram carro nos Estados Unidos. Isso mesmo: quinze centenas. Agora, se resumem a poucas dezenas. Em compensação, hoje, toda empresa que se preza está anunciando que vai lançar um carro autônomo e elétrico. Isso só pode ser explicado pelos valores e lucros astronômicos que vêm por aí.

Essa nova indústria está mais para uma ampliação do mundo digital a novos ambientes do que para um novo formato de transporte. Num carro em que você não precisa se preocupar com outros carros, nem com o caminho a seguir, sobra tempo. Um filme, um e-mail, uma olhada nas redes sociais, até mesmo uma compra on-line. Isso vale bilhões.

A lataria dos carros vale pouco, se comparada com o tempo dos passageiros. Carro, você vende uma vez. Serviços, todos os dias.

A questão é quem vai sobreviver nesse novo mar de oportunidades que surge.

## O FUTURO DAS EMBALAGENS É VERDE

Primeiro foi a Unilever, com a embalagem de papel de Omo. Agora é a Coca-Cola com sua nova garrafa totalmente à base de planta. O mundo realmente está entrando numa nova fase.

Tudo aquilo que na metade do século XX representava modernidade, cada vez cai mais em desuso. Quando as latas de refrigerante foram lançadas, ainda feitas de aço, foi um avanço em termos de liberdade de distribuição. Até aquele momento, todas as garrafas de bebida eram de vidro e precisavam ser reutilizadas. A logística de voltar com os vasilhames e lavá-los, na fábrica, era imensa e muito cara.

Revolução mesmo foi o lançamento das embalagens plásticas de PET, feitas com produtos retirados do petróleo. Resolveu um lado da balança, desequilibrou outro. Agora, parece que vamos começar a reequilibrá-la.

A garrafa da Coca não é coisa nova. Já existia desde 2009, mas era somente 30% plant based. Vá se acostumando com a nova palavra. Em vez de dizer "à base de plantas", vai ser chique dizer "plant based". Vai ser o novo normal dos próximos anos.

Mas voltando... Essa é uma nova indústria aparecendo. Que vai empurrar para o lado aquela baseada em petróleo. Realmente, o século XXI não se parecerá nada com o passado.

## BRIGANDO COM OS ALGORITMOS

Recebo uma ligação telefônica. Aliás, telefone não, que é coisa de velho. Recebo uma mensagem no WhatsApp. É minha filha, especialista em marketing digital, que mexe com minhas redes sociais. E de vários outros clientes.

— Tô chateada. Seu alcance caiu pela metade...

Custo a entender. No final, descubro que você que leu até aqui é um entre dois que me liam até o mês passado.

— Não é seu texto, pois o engajamento continua alto...

Ah! O número de pessoas que curtem e comentam meus posts continua bom.

— Mexeram no algoritmo. Agora todo mundo perdeu alcance. É pra diminuir o orgânico e aumentar o pago...

Papo de louco, falar desse tal de algoritmo. Até uns anos atrás, se alguém falasse essa palavra, eu pensaria em matemática, não em mídia digital. Só que, agora, nosso comportamento é guiado por esse tal de algoritmo. E à distância...

Adoro livros e sou um comprador compulsivo na Amazon. Moderno que sou, tenho um Kindle, onde baixo os livros. Achava legal, pois é prático e leve. Até o dia em que descobri que eles foram lá e tiraram um livro digital que eu havia comprado, sem dar satisfação. Lógico que devolveram o dinheiro. Mas me senti invadido. Foi como se tivessem entrado na minha casa sem pedir licença.

— Quando a gente aprende as regras — finalizou minha filha —, eles vão lá e mudam tudo!

Uai! Não é assim que é a vida? Melhor eu ir me acostumando...

E você? Já postou hoje?

## BONS NEGÓCIOS

Mais uma vez, sinto que estou perdendo os bons negócios. Digo sempre pra mim mesmo que é uma questão de falta de informação. Começo a desconfiar que não...

Desta vez foi a Hertz, a locadora de automóveis. Em maio, foi a leilão. Dois fundos de investimento americanos a compraram por apenas 6 bilhões de dólares. Em menos de seis meses, o valor dela já está em mais de 12 bilhões! Mais uma pechincha que perdi.

Por que essa valorização toda? Primeiro, porque o mercado de locação está bombando com o fim da pandemia (acabou mesmo? Já posso sair?). Segundo, porque arrumaram a casa e resolveram botar o pé no acelerador.

Esta semana, fizeram a maior compra de elétricos da história: 100 mil carros da Tesla. Dez por cento da produção deles em um ano.

Ontem, a Uber anunciou que já vai ficar com metade desses carros, repassando-os para os bons motoristas que têm nos Estados Unidos. Para quem possui um milhão de carros rodando, meio por cento não é nada. Mas todo esse movimento já dá um claro sinal do que vem por aí.

Não temos Hertz nem Tesla, e o mercado de elétricos é quase inexistente no Brasil. Logo, isso tudo parece muito distante. Porém, esse novo mundo das quatro rodas não demora muito a chegar aqui.

De toda forma, o interessante é perceber o que uma simples mudança de estratégia pode fazer numa empresa. Quando todos achavam que era o fim da locadora, olha aí a Hertz, linda e faceira!

Realmente, não entendo nada de bons negócios...

## COMO INOVAR NUM PRODUTO IMUTÁVEL

A empresa muda a embalagem, mas não muda o conteúdo. Ainda assim, o produto explode em vendas, e o preço dispara com a procura. Estou falando de Johnnie Walker e suas edições limitadas.

Você não toma uísque? Mas vive no mundo das marcas, não é? Então tem que acompanhar mais de perto o que a Diageo faz com a marca da sua bebida. Não sei quando começou, mas já em 1982 eles fizeram uma edição com uma garrafa futurista para *Blade Runner*.

Agora vão lançar uma versão para *La Casa de Papel*, da Netflix. O mais legal é que um personagem vestido como os atores da série substitui o tradicional João Caminhante no rótulo do produto. Como é uma edição especial, somente 150 mil garrafas serão distribuídas no mundo inteiro. Um nada. Mas muito mais do que as 39 mil da edição de *Blade Runner 2049*, a refilmagem da película original.

Essa nova edição mostra o apetite dos bebedores ou fãs por essas garrafas exclusivas. Lançada por 130 euros em julho de 2019, está sendo vendida hoje em dia por mais de 400. E se quiser comprar aqui no Brasil, tem uma anunciada no Mercado Livre por R$ 16.800,00! Dá pra comprar mais de 170 garrafas das tradicionais. Tem só que decidir: ou você decora a estante da sua casa ou vive no porre...

Nessa mesma toada, já tinham feito mais de uma versão para *Game of Thrones*. Todas são sempre aguardadas ansiosamente pelos colecionadores.

A nova edição chega em novembro no Brasil. Eu, que não bebo, já estou me preparando pra correr atrás de comprar uma. Do jeito que a economia está, é um investimento melhor do que bitcoin!

E você? Onde está investindo seu dinheiro?

## COCA-COLA DIGITAL

Certas marcas, a gente tem que acordar e olhar todos os dias, pra ver o que estão aprontando. Sempre tem coisa boa e importante acontecendo quando se trata de marketing. A Coca-Cola é uma dessas.

Agora, dá pra começar a perceber as mudanças que o novo CEO, James Quincey, quer implementar.

Primeiro, acabou de jogar fora o slogan que existia desde 2016, *Sinta o sabor*. Confesso que não era fã. Me parece pouco para alguém que antes falava de felicidade.

Segundo, está fazendo uma concorrência para definir suas agências de comunicação. O prêmio é bom: mais de 4 bilhões de dólares. E já deixaram claro: não se trata de uma troca por quem for mais barata. Eles querem diminuir as mais de 4 mil agências no mundo, para algo em torno de 1.400. A concentração vai permitir que controlem os dados que têm dos seus consumidores. Querem se tornar uma empresa data driven.

Pra quem teve um presidente que falava que eles precisavam estar a um braço de distância do desejo do consumo, mudar o foco para o digital, como Quincey fez, é mudar a história da empresa.

O novo slogan e comercial mostram isso. Agora é *Real Magic*, ou *A magia acontece*, em português. Lançado no final de setembro, mostra a Coca como sendo integrante do mundo dos games. Quer mais digital que isso?

Se o assunto for Coca, continuo não faltando à aula...

## EMERGENTE

Já ouviu falar de *estratégia emergente*? Não? De uma forma simplista, é aquela que vai aparecendo aos poucos, como uma reação aos acontecimentos em torno das empresas. Você planeja um caminho, seu concorrente faz algo que te empurra pra outro lado, e, quando percebe, sua estratégia mudou completamente. Vai sendo construída aos poucos, resposta de tudo que afeta suas decisões. Pois é isso que parece pra mim a decisão de lançar, nesta semana, a Netflix Games.

Explico melhor: a Netflix vem testando sua nova plataforma de jogos digitais desde agosto passado, na Polônia. Num movimento de ampliação, tinha anunciado a entrada na Itália e na Espanha no final de setembro. Agora, lança em todo o mundo, mesmo que só disponível para quem tem celular Android.

Essa rapidez com que saiu do teste me parece resultado da pressa em se diferenciar de outras plataformas de streaming. Nos dois últimos anos, todo mundo resolveu lançar sua própria versão. HBO Max, Discovery Plus, Disney Plus, Paramount Plus, Prime TV e Apple TV Plus congestionaram o mercado de um modo que ficou difícil entender quem é melhor do que quem.

A solução? Crie algo que faça seu produto ser melhor do que os concorrentes. Tem coisa melhor do que games para combinar com streaming? Fora que abre espaço para reforçar todo o conteúdo da própria plataforma. A série *Stranger Things* é a primeira de várias possibilidades. Você assiste a um episódio e corre pro seu smartphone pra continuar a experiência, agora controlando os personagens na versão jogo eletrônico. Na hora em que acorda, descobre que não consegue mais viver sem Netflix.

É ou não é uma boa estratégia?

## CONVENÇÕES

Tô na praia. Passo por diversas pessoas sem máscara. Isso me chama a atenção. Quando foi que decretaram o fim do uso? A pandemia acabou? Olho de novo e vejo que todos estão sem camisa e sem calça. Vestem sungas, biquínis, nada mais. Um ou outro, um boné. E não acho isso estranho.

Fico pensando: se fosse no centro de São Paulo e passasse por alguém vestindo só sunga, qual seria minha reação? Estranhamento, talvez igual às pessoas sem máscara na praia...

Pronto! Caiu a ficha... Vestir é uma convenção cultural, não é mesmo? Não existem religiões que exigem o uso da burca? Para nós, ocidentais, um absurdo. Para quem vive na cultura, uma coisa talvez normal. Não é também muito parecido com gravatas?

Durante décadas, usei terno. Quando o aboli da minha vida, descobri que tinha mais de 200 gravatas. Todas as manhãs, olhava para aquela coleção e escolhia de acordo com meu humor. E me sentia mal nos dias em que colocava um blazer sem aquele pedaço de pano colorido no meio do peito.

Talvez as máscaras venham a fazer parte da moda no futuro. Sei lá. Preferia que não. Que a covid ficasse finalmente para trás.

Mas, na dúvida, acho que vou começar a usar máscaras coloridas...

## NÃO LEIA SE VOCÊ FOR CARDÍACO

O mercado de carros elétricos não é bom para quem sofre do coração.

Primeiro foi Elon Musk, que, no Twitter, perguntou aos leitores se deveria vender 10% das suas ações. Foi o mesmo que perguntar a macaco se ele quer banana. 58% das pessoas disseram que sim. Está todo mundo querendo um pedaço do sucesso que se tornou a Tesla.

Só que aí foi divulgado que o irmão dele, o Kimbal, resolveu vender 25 mil ações, o que botaria no bolso dele mais de 100 milhões de dólares. O quê? Os dois irmãos vendendo ações ao mesmo tempo? Aí tem coisa... E o valor da empresa caiu 12% esta semana.

Agora é a vez da nova montadora de elétricos, a Rivian, estrear na bolsa. Lançou ontem suas ações. Esperava vender por 78 dólares cada uma. Chegou a quase 107! Subiu empurrada pelos motores elétricos.

Hoje a Rivian, que nunca deu lucro e só começou a entregar suas picapes no final de setembro, vale mais do que a Ford ou a General Motors, que estão por aí há mais de 100 anos.

O mais interessante é que, antes da pandemia, a Ford colocou 500 milhões na nova montadora, que hoje valem 10 bilhões. Isso é que é investimento lucrativo.

A Amazon, outra das grandes sócias da empresa, já encomendou 100 mil veículos elétricos, entre picapes e vans, a serem entregues até 2030. Parece que o futuro está garantido.

A Rivian, hoje, vale perto de 10% da Tesla. As duas já estão deixando as montadoras tradicionais para trás.

É ou não é para ter um infarto fulminante?

## A QUALIDADE QUE A GENTE NÃO VÊ

Cheguei ontem à noite a um hotel. À meia-noite você está pouco exigente, só quer uma cama pra dormir...

Agora, pela manhã, fui tomar banho e encontrei dois frascos de xampu, daqueles pequenininhos que sempre tem junto aos sabonetes. Um cheio, o outro completamente vazio.

Olhei pra todo o quarto pensando se a qualidade do serviço é igual a esse pequeno detalhe. Deixar um frasco vazio me passa desleixo. E olha que é um hotel cinco estrelas! Você pensa: será que o cozinheiro do café da manhã é tão desleixado quanto a camareira?

Serviço é complicado. A gente não vê, a gente sente. O consumo não é depois da compra. É ao mesmo tempo. Você compra um chocolate, ele está pronto. Aí é só comer. No serviço, não. Vai vivendo a experiência ao mesmo tempo que vai comprando.

A parte que a gente não vê é influenciada pela que a gente enxerga. Então, precisamos deixar pistas para o consumidor de que tudo tem qualidade.

Por incrível que pareça, o invisível é visível aos olhos...

E você? Como avalia a qualidade nos serviços que contrata?

## NÓS VAMOS INVADIR SUA PRAIA!

A Starbucks está invadindo BH. Demorou 15 anos para chegar à capital mineira, mas já chega chegando com quatro lojas de uma vez só.

Amo a história da rede de cafeterias. Mais do que o sabor dos seus cafés. Em 1982, Howard Schultz foi trabalhar na empresa, que na época só vendia grãos. Apaixonado pelo expresso, sugeriu a mudança para cafeterias e os donos não aceitaram. Saiu, fundou sua própria loja e, em 1987, comprou a concorrente. Daí pra frente, só foi se expandindo. Hoje são mais de 30 mil lojas em 80 países.

No Brasil, a coisa interessante é saber que foi trazida pra cá pelos mesmos fundadores do McDonald's e do Outback, a família Rodenbeck. Se eles trouxeram, a SouthRock está levando pra todos os estados. Dos 128 pontos atuais, querem chegar a 143, incluindo os quatro de BH.

Mas falo que invadiram a cidade porque até na Drogaria Araujo é possível encontrar as cápsulas e o pó de café da marca, fabricadas pela Nestlé. Não pode ser coincidência... De um momento para o outro estão por todos os lados.

Agora, sim, Belo Horizonte virou internacional.

## UMA NOVA BOLHA

Pra mim, parece que estou assistindo ao mesmo filme. Em 2000, vi o estouro da bolha das pontocom levar muita gente à falência. Agora, vejo de novo a mesma empolgação que existia naquela época antes da crise.

Semana passada, comentei sobre a Rivian e o preço que ela atingiu nas bolsas americanas ao lançar suas ações. De um dia pro outro, uma empresa que só vendeu até agora 156 picapes vale mais do que a General Motors. Por outro lado, a Tesla tem ações acima de mil dólares e vale mais do que as doze maiores montadoras somadas. Ela fabrica algo em torno de um milhão de carros. As doze passam de 40 milhões...

Não quero parecer pessimista, mas creio que existe um excesso de dinheiro no mercado, o que leva a essas especulações imensas. Carros elétricos são o futuro da mobilidade, eu sei. Mas, quando todas as montadoras se puserem a produzir de verdade seus modelos, tenho a sensação de que o valor das novas empresas vai sentir o baque.

Agora, vejo grandes investidores começarem a falar o mesmo, talvez incentivados pelos movimentos de vendas de ações dos irmãos Musk. Se eles estão vendendo, por que você teria que comprar?

Normalmente, o mercado das bolsas é assim: quem entra primeiro ganha. As ações se valorizam, e aí vêm aqueles que querem lucrar um pouquinho e compram na alta. São sempre esses que perdem dinheiro.

O final do filme a gente já conhece...

## O TOURO DA BOLSA

Somos ritualistas. Como seres, colocamos valores e conceitos em vários objetos e, com isso, mudamos o significado deles. Como explicar de outra forma o que representa um touro na porta das bolsas de valores mundo afora? Engana-se quem pensa que isso seja uma exclusividade de Wall Street. Tem na China, na Alemanha e agora em São Paulo, na frente da B3.

O touro representa o mercado em alta. Dizem que é porque, para atacar, ele se agacha, antes de erguer os chifres no ar. E não é assim que as ações se recuperam?

Olhe à sua volta. Quantos objetos não descarta, quantos mantém ao seu lado, porque valem mais do que eles são na verdade? Aquela camiseta velha e furada, que te lembra uma pessoa, sabe? Esses objetos só valem pelo aspecto sentimental.

Ganhei uma pedra do meu filho e fiquei pensando nisso. Era parte do Muro de Berlim, derrubado em 1989. Haja muro pra todos os turistas que já passaram pela cidade desde então! Mas, no fundo, não é uma pedra. É um símbolo da liberdade.

Minha tia me deu uma xícara de aniversário. Também um símbolo. De uma infância junto à minha avó. Quem olhar pra ela, vai ver uma xícara. Eu vejo parte da minha história.

Assim é o touro da Bolsa de Valores. E, como símbolo, nada melhor do que lembrar que o nosso é feito de fibra de vidro, enquanto o americano é de bronze.

Olho e só consigo pensar que um dia vai amanhecer pichado. E isso vai ser mais um símbolo do que é nossa sociedade.

## MEIO HOMEM, MEIO MULHER

Juro que entendi, mas não compreendi. Em Santa Catarina, nas eleições para a regional da OAB, uma das chapas pode ser tirada do processo porque tem mulheres demais...

Vamos aos fatos: ano passado, a Ordem dos Advogados do Brasil, moderninha como é, aprovou uma regra interna criando cotas de sexo e de raça. Agora, 50% delas pertencem às mulheres e 30% às pessoas pardas ou negras. Só que, como diz o Arnaldo, a regra é clara: metade é metade.

No caso, a chapa tem 51 mulheres e 42 homens. Motivo suficiente para os adversários formalizarem uma reclamação e um pedido de sua impugnação. Está armada a confusão. Pior: se todas elas tiverem 93 candidatos, todo mundo deve sair da eleição. Cinquenta por cento de 93 é 46,5. Uma pessoa precisa ser meio homem, meio mulher. Como se faz?

Na ESPM, dou um exercício que sempre pira a cabeça dos alunos. Falando de estratégia, pergunto:

— Se o objetivo é chegar ao aeroporto em 30 minutos, quem chega em 29 cumpriu o esperado?

Resposta mais do que imediata:

— Siiiiiiiiim!!!

Então explico que não. Chegar em 30 minutos é diferente de chegar em até 30 minutos. Quem chega em 29 está tão fora do objetivo quanto o que chega em 31. E talvez seja essa a questão.

Normalmente, a gente interpreta os fatos e vê sentidos implícitos neles. A Justiça precisa ser preto no branco. Então 50% é 50%.

Posso até simpatizar com a OAB na questão de eles procurarem a igualdade de sexos. Mas que tá esquisito, isso tá...

## EU QUERO UMA FÁBRICA SÓ PRA MIM!

Diz o ditado: "Cavalo selado não passa duas vezes".

O governo dos Estados Unidos já está namorando os fabricantes de semicondutores, os famosos chips de computador. Aprovou US$ 52 bilhões de subsídios para atrair novas fábricas que devem aparecer nos próximos anos. E cidades e estados americanos iniciaram uma guerra interna para ver quem oferece mais, desde terreno até mais dinheiro ainda.

Mas por que tudo isso? Você já sabe: com a pandemia, as montadoras de automóvel pararam de comprar chips. Só que as pessoas em casa passaram a comprar mais computadores, e, com isso, toda a produção dessas pequenas maravilhas mudou de rumo. Quando as montadoras voltaram, não tinha mais chip disponível. Então, os preços subiram. Tem semicondutor que custava um dólar sendo vendido por US$ 150. E ainda assim as fábricas não dão conta.

Existem US$ 146 bilhões prontos para serem investidos em novas fábricas, numa indústria que fatura quase US$ 500 bilhões por ano. E os americanos não querem continuar dependentes da importação da China, Coreia do Sul e Taiwan. É uma questão política. Se qualquer desses países fechar a exportação para os Estados Unidos, as empresas quebram.

Os americanos acordaram para o fato. Nós, brasileiros, devemos estar ainda dormindo. Com o dólar a quase seis reais, seríamos uma base exportadora, além de suprir nosso mercado. Só dependeria de gerarmos os incentivos necessários.

O que fizemos nesse assunto? Em junho, anunciamos o fechamento da única fábrica de semicondutores da América do Sul, em Porto Alegre.

É, acho que o cavalo selado já tem dono...

## QUANDO A TECNOLOGIA DIFICULTA A VIDA

— Vai acionar o aplicativo?

A pergunta da moça no caixa me fez acordar. Eu tinha direito a descontos, só precisava abrir o app. Cliquei no ícone e perguntei:

— E agora? É automático?

— Você precisa clicar nas ofertas...

— Complicado não? Qual desses produtos está em oferta?

— Ih! Todo mundo reclama. Clica em todas as ofertas...

Ela nem esperou e completou:

— Esse aplicativo é muito ruim...

Pior coisa para uma marca é quando seu próprio funcionário "desvende" um produto ou serviço. Como consultor, o papo que tive num supermercado bem conhecido me entristece. Mas não posso culpar a atendente. Imagine passar o dia inteiro tendo que explicar para cada cliente como usar um app que não é intuitivo.

A ideia deve ter surgido de uma forma brilhante: "Vamos colocar todas as ofertas. Assim o cliente tem uma noção de quantas vantagens ele tem!". Só que aí vem o mundo real, em que nós, consumidores, não temos tempo para tentar entender as ideias brilhantes. Queremos as mais simples e fáceis.

O mais importante pra quem se arrisca no mercado é testar, sempre, seu próprio serviço. Cliente Oculto mesmo. Usar seu produto, comprar em sua loja, sem que se use os privilégios de ser da empresa. Passar pela experiência que o cliente tem. Aí, sim, estará pronto para entender o que acontece no chão de fábrica, no chamado Momento da Verdade.

No final, apareceram os descontos.

— São esses os descontos do aplicativo?

— Pode ser, pode não ser... fora eles, o senhor também tem direito a descontos só por ser cliente cadastrado.

Se era pra me confundir, missão cumprida.

## E O TOURO SE FOI...

Tem certas coisas na vida que são quase que certas. A experiência mostra pra gente como é o comportamento do ser humano.

Hoje de manhã, acordei e fui dar uma volta de bicicleta. Tenho um circuito habitual: Casa-Paulista-Centro-Casa. Quando estava descendo para o centro, pensei: Vou passar na frente da Bolsa, pra conhecer o Touro Dourado antes que eles resolvam tirar de lá. Nem deu tempo. Tiraram ontem à noite.

Você viu a polêmica toda que deu. Terça passada, dia 16, colocaram um touro na frente da B3. Lançaram com pompa e circunstância. Era pra representar a força da economia brasileira. Apareceu tudo quanto é tipo de manifestação contra. Desde falarem que era de mau gosto, até que era uma afronta ao povo que passa fome.

Eu tinha previsto que o risco era ser pichado. Foi, em menos de 24 horas. No fundo, achava que ele não iria durar ali no centro, sem segurança, ainda mais que foi feito de fibra de vidro. A prefeitura ajudou a B3 e mandou tirar de lá, dizendo que fere a Lei da Cidade Limpa. Com tanta polêmica, nem discutiram. O bicho já sumiu.

Se serve de consolo, no início, o touro de Wall Street também foi retirado do local original pela prefeitura de Nova York. Hoje é um dos pontos turísticos da cidade.

E o comportamento humano? Uai! Nascemos pra criar polêmica e fugir dela. Não foi isso que aconteceu?

## SENTINDO-ME FATIADO

Adoro call center. Atendo todas aquelas ligações incômodas. Sábado, 8 da manhã, querendo dormir até mais tarde? Atendo. Hora do almoço com a família? Atendo. Sou masoquista? Não, trabalho com marketing.

Não tem melhor lugar para entender como a empresa pensa e que erros comete. Algumas das grandes, como telefonia e cartão de crédito, fatiam o cliente em pedacinhos e falam com ele como se fossem vários. A atendente começa:

— Parabéns! Como você é nosso cliente de internet e TV a cabo, estou ligando pra oferecer um plano de celular.

Sempre respondo:

— Peraí! Eu esperando que me liguem pra resolver o problema da internet e você quer me vender mais coisas? Resolve primeiro meu pedido...

— Meu senhor, isso é em outro telefone. Aqui é uma central de vendas...

— Você não é da empresa?

— Sou.

— Então resolve. Não recebo duas faturas separadas: uma da central de vendas e outra da manutenção...

Não está no script, os atendentes piram e terminam desligando sem me dar uma resposta razoável. Me impressiono porque isso deve acontecer com frequência. Mas vendas só vende. Outra área que se vire.

Ganha mercado quem consegue ver que, do outro lado da linha, a pessoa é uma só. Sonho com o dia em que os bancos de dados serão todos unificados. Talvez aí o atendente mande alguém pra arrumar minha rede...

E você? Sentindo-se fatiado?

## ADEUS, CLIENTE...

Quando os filhos crescem que a gente não percebe?

Ontem, fui com o Felipe Moreno comer um sanduíche. A gente não almoça nem janta juntos. Ou é pizza ou hambúrguer, uma tradição não escrita entre nós.

Pois fomos a um fast-food paulistano. Desde que cheguei a São Paulo, vinte anos atrás, vou a essa mesma rede por causa de um sanduíche específico. Pedi. O garçom me disse que saiu do cardápio.

— Não... Pede ao chefe, que ele consegue fazer.

Alguns minutos depois, ele volta e diz que não tem jeito. Dei um chilique, um faniquito.

Me explico: esse sanduíche já foi cancelado antes. Mas tantos clientes pediam que sempre continuaram fazendo. Até que, oficialmente, voltou. E durante a pandemia até faziam, mas avisavam que a maionese seria outra. Eu, fiel que sou, pedia do mesmo jeito.

Nervoso, falei pro garçom: "Não volto mais aqui".

Isabella salvou a noite. Pediu uma opção que também gosto e dividiu comigo.

Garçom longe, Felipe disse, numa calma budista:

— Pai, eles estão abrindo mão de você como cliente.

Numa análise clara, sempre tem um momento em que uma empresa precisa abrir mão de algum tipo de cliente. No meu caso, minha fidelidade não é ao restaurante, mas a um sanduíche específico. E custo é custo. Se, como eu, poucos são os que pedem aquele lanche, manter os ingredientes pode não compensar. Simples assim.

Virei órfão daquela rede, mas descobri que o Felipe se tornou um adulto. Creio que saí no lucro...

## NÃO ERA IMPORTANTE

Lógico que vou falar da Black Friday. Mas não quero falar dela. E sim do sentimento de fracasso que tenho todos os anos. Eram 23h ontem, e tudo que tinha pensado para o dia ainda não havia feito. Os grandes descontos da data fugiram pelos meus dedos e não consegui comprar nada.

Já sei que no ano que vem vai ter outra vez. Sei que os preços vão cair. E também que, de novo, vou perder a oportunidade.

Não adianta ler as matérias chamando a data de Black Fraude, que tudo está pela metade do dobro. Existem ofertas reais, preciso comprar e só não faço isso por falta de organização. E aqui chego ao meu ponto: a incapacidade do ser humano de executar um planejamento.

Vou fazer aquilo que não devia: generalizar um comportamento. Cada um é de um jeito, e muita gente comprou com descontos ontem. Mas a maioria das pessoas tem problemas em cumprir seus planos numa ou noutra área da vida. Só vejo uma explicação: não era importante de verdade.

A gente tende a se dar objetivos para tudo. Muitos deles, irreais. "Vou emagrecer 10 quilos", "Quero trocar de emprego", "Vou fazer uma pós". Bons planos, socialmente falando. Mas todos exigem dedicação, esforço e tempo. Estou realmente comprometido com eles? Ou quero emagrecer continuando a comer doce e hambúrguer? O que na verdade é importante pra mim? Ser magro ou ter prazer comendo?

Chego à conclusão de que realmente os descontos não eram o que me move. Mas ainda dá pra me redimir. Desta vez, não vou comprar os presentes de Natal no dia 23... eu juro!

## TEMPO OU DINHEIRO?

As perguntas são simples. As respostas, não.

O que você mais valoriza? Tempo ou dinheiro? Viver experiências ou ter coisas?

Quem fez essas perguntas a 22 mil pessoas em todo o mundo foi o instituto de pesquisas GfK. As respostas nos deixam pensando na vida. O tempo só é mais importante para 37% dos brasileiros. Ainda assim, somos uma das nações que menos se importam com a grana. No caso dos japoneses, por exemplo, 89% veem no dinheiro o fator mais fundamental.

Igualmente, estamos entre os países que mais valorizam as experiências. Ter significa algo importante para 51% do nosso povo. Os outros 49% trocam um novo carro por mais uma viagem, um celular por um show de música.

Lógico que existem diferenças enormes entre as gerações. Os millennials, que têm hoje em dia entre 20 e 40 anos, valorizam o tempo duas vezes mais do que as pessoas com 60 anos ou mais, os baby boomers. Talvez por isso a gente ouça tanto que eles querem uma qualidade de vida melhor.

Mas estatísticas são somente estatísticas. Num caso como este, vale o que cada um sente. Valores são sempre individuais. Como diz o ditado, cada um sabe onde o calo aperta.

Eu prefiro ter meu tempo garantido, mas não abro mão de um certo conforto que o dinheiro e as posses nos dão.

E você? Quais são seus valores de vida?

## O QUE FAZER COM O LIXO?

Hoje de manhã estava descascando uma laranja pra lancheira da minha filha, quando pensei no que a gente desperdiça de alimentos ou, no mínimo, de matéria-prima. Lembra o filme *De volta para o futuro 3*? No final, o Doc pega um pouco de lixo orgânico, coloca no motor do DeLorean e sai voando em direção ao futuro. Nós estamos caminhando na mesma direção.

Vi o presidente da Raizen falar sobre a questão de carros elétricos na live da *Exame*. Interessante o ponto de vista dele. A energia que 27 litros de álcool geram corresponde aos 500 quilos das baterias de um Tesla. Viro a página e me deparo com o presidente da Engie, empresa de energia francesa, falando de produzir hidrogênio a partir da água, aqui no nosso país, até o ponto de passarmos a exportá-lo. Vai sobrar energia desse jeito. E o melhor, a preço baixo.

Mas o que gerou essa corrida toda? Você sabe. As novas normas de emissão de $CO_2$ em quase todos os países. Qualquer empresa vive de vender, lucrar e se perpetuar. Para isso, precisa ter os menores custos possíveis. Eis a razão de o petróleo ter dominado por tanto tempo.

Agora, os governos têm imposto restrições e multas a todas as montadoras que não reduzirem as emissões. O equilíbrio das contas muda. Pode ser que o carro elétrico seja mais caro, mas não dá para vender o tradicional motor a gasolina se ele não se enquadra na lei.

O que fazer? Pesquisar e pesquisar alternativas. Nunca existiu tanto dinheiro para desenvolver soluções energéticas. Nunca se baixou tanto o custo de produção quanto o que vem acontecendo. O presidente da Nissan prevê que o preço da versão bateria de lítio, aquela do seu smartphone, vai baixar 65% nos próximos anos. Isso se não aparecer algo mais moderno e barato antes.

Olho de novo a casca da laranja e tento entender como posso aproveitá-la hoje, e não amanhã. Não acho solução. Nem a coleta de lixo no meu bairro é seletiva...

Sinto que estamos dando passos de tamanhos diferentes!

## SÓ SEI QUE É LEGAL

Não sei o que é o metaverso. Só sei que é muito legal e quero estar lá quando estiver pronto.

Se você também está com essa sensação, aproveita e entra na fila. Foi só o Mark Zuckerberg mudar o nome do Facebook pra Meta para o assunto ficar na crista da onda. Parece que nunca ouvimos falar antes, mas, que nem sapo na água quente, as coisas estão acontecendo à nossa volta e não estamos percebendo.

Quem é fã de *Jornada nas estrelas* já conhece a ideia. É o Holodeck, um ambiente no qual você entra num universo paralelo, criado por computadores, e tem experiências como se fosse no mundo real. Mas mesmo quem nunca viu aquela série já teve contato com algo relacionado. Lembra do jogo *Second Life*? Era uma espécie de protótipo do metaverso.

Qual é a vantagem dessa novidade? Ninguém ainda sabe ao certo, mas, se ocorrer outra pandemia no futuro, as reuniões serão lá dentro. E, em lugar de vermos só os rostos, vamos nos ver por inteiro e andar em ambientes quase reais. Falta pouco para o Matrix.

Mas a principal barreira ainda não foi resolvida. Pra você se apaixonar pelo metaverso, tem que sentir o que sente no mundo real. Se encostar numa parede, tem que senti-la na palma da mão. Se correr, o vento tem que bater no seu rosto. E isso ainda não acontece...

De todo jeito, já comprei meu lugar na primeira fila. Se você for como eu, te vejo lá dentro...

## QUANDO O MONOPÓLIO TE CEGA

Conto o milagre, mas não revelo o santo... Você, que me segue, sabe que amo call centers. É a alma de qualquer empresa. Dá para entender como a diretoria pensa e age, pelo jeito como somos tratados pelos atendentes das centrais.

Chamei no chatbot uma dessas empresas que fornecem serviços básicos para nossas casas. O robô pediu meu CPF e devolveu a seguinte frase:

— Murilo, vejo que já é nosso cliente em diversos endereços. Confirme pra qual deles quer atendimento.

Fiquei maravilhado. Digitei o endereço, e novamente ele reconheceu!

Fiz minha pergunta, e o robô resolveu me direcionar para o atendimento humano, para um especialista. Aí entra a Thatiane, me pede não só o CPF, mas endereço, RG, código de usuário, telefone, e-mail. Brincou, né?

Minha resposta, de quem conhece call center:

— Digite no sistema o CPF e busque as demais informações. Se o robô conseguiu, você consegue.

Nada feito. Ou faço o trabalho dela, ou não passo pra próxima fase.

Não tem atendimento mais voltado pro próprio umbigo do que aquele que você repassa ao consumidor suas funções. Aqui temos a tecnologia do robô me reconhecendo, e um ser humano que abre um atendimento sem nenhuma informação a respeito de com quem está falando. O robô transfere, mas não informa. E você, que precisa de água, luz, gás, telefone, que se vire.

Como diz um amigo meu, dá vontade de pedir desculpas porque você é cliente. Talvez, na verdade, a gente seja um incômodo necessário. Será?

Na hora que a raiva passar, que eu tiver mais tempo, vou ter que enfrentar a atendente. Se não, vou ficar sem minha resposta.

É o poder do monopólio...

## O PODER DE UMA MARCA

Irmãos gêmeos. Feitos na mesma fábrica, mas comercializados com marcas diferentes.

Estou falando dos veículos utilitários Citroën Jumpy e Peugeot Expert.

Pode procurar diferenças. A não ser pelo logo e pela grade frontal, o resto é tudo igual. Menos o preço. E esse é o ponto.

Marca é uma coisa difícil de medir. Como nós, povo do marketing, gostamos de dizer, é intangível. Só que vez por outra aparece uma prova de que trocar o nome pode fazer diferença na percepção do comprador.

Olhe esses dois. O preço do zero, sugerido pela fabricante, a Stellantis, é igual. O seguro, não. Se você compra a Expert, vai pagar em média 30% a mais. O da Jumpy é mais barato porque, segundo as seguradoras, os carros da Peugeot são mais visados. Jeito simpático de dizer que os ladrões preferem roubar os automóveis da marca do leão.

"Ah! Mas o número das concessionárias influi, Murilo", você pensou. Não é verdade. As oficinas são as mesmas. E quase todas as concessionárias compartilham suas instalações.

Porém, a melhor prova é na hora de vender o furgão como usado. Dá uma olhada na tabela da Webmotors. Sempre, pro mesmo ano e quilometragem, o modelo da Peugeot tem preço mais alto. O cliente aceita pagar, em média, 3% a mais. Numa compra que gira em torno de cento e poucos mil reais, é dinheiro!

Veículos comerciais deveriam ser uma compra racional. Produtos iguais, preços iguais.

Mas quem disse que somos seres racionais mesmo?

## AINDA BEM QUE AGORA ENCONTREI VOCÊ...

De nada, Marisa Monte.

Descobri que fui um dos 8% de brasileiros que mais ouviram a cantora em 2021, no Spotify. É ou não é uma coisa pra ela agradecer?

Acho essa uma das coisas mais divertidas do ano. Todo dezembro, quando chegam as estatísticas, corro para comparar os artistas, as músicas, para conhecer meu gosto musical.

Assim mesmo. A gente acha que sabe do que gosta. Mas é puro achismo, pois não temos consciência clara das nossas decisões. Uma coisa é escolher a playlist de um cantor. Outra é deixar que o aplicativo vá indicando músicas e a gente vá passando aquelas que não quer ouvir.

Sempre escolho o segundo jeito. E, aí, descubro minhas mudanças de gosto. Comparando 2016, quando o Spotify fez a primeira lista, com a deste ano, descobri que só 23 músicas das 100 mais tocadas são iguais. E que somente uma música esteve nos cinco anos entre as dez mais tocadas.

Pelo menos o Spotify me conta o que prefiro. Mas como fica a questão quando pensamos nas demais redes sociais?

O Facebook conhece melhor quem são as pessoas que mais acesso do que eu mesmo. A Amazon sabe meu estilo de leitura melhor que eu. Sou manipulado pelas minhas preferências e nem percebo.

No final, confirmo que não me conheço mesmo. A gente se chama de seres racionais. Mas racionais são os algoritmos e suas estatísticas. Eles, sim, conhecem cada um de nós.

E você? Quanto você se conhece? O que seu Spotify diz a seu respeito?

## O MAIS IMPORTANTE NO VAREJO É SER DONO DO CLIENTE

Quando você pensa em Magazine Luiza, imagina o quê? Televisores? Fogões? Computadores? Celulares? Sim!!! E camisetas, saias, calças? Não??? Então repense de novo, pois essa é a novidade do Magalu neste final de ano.

A empresa entrou no mercado da moda com o lançamento de sua marca própria, o Vista Magalu. Só no digital. Se pensou em ir a uma loja no shopping e conhecer as novidades, esqueça. Em outubro, anunciaram uma reformulação da área de moda no site e no aplicativo. E trouxeram à tona a novidade.

Têm um público-alvo bem específico. A peça mais cara não vai passar de 160 reais. E vai ter tamanho pra todo mundo, do PP ao G4.

Pelo que percebi, a marca é muito mais uma declaração de posicionamento. Já falaram que é diversa, democrática e sustentável. Tudo feito em algodão certificado. Além disso, traz na etiqueta, biodegradável, o telefone do Disque-Denúncia, para o combate à violência contra mulheres.

Gostei da iniciativa. Mas fiquei mais impressionado com o que isso realmente significa. Mostra claramente que o Magalu entende, melhor do que qualquer um de nós, que a força deles é conhecer e ter contato com grande parcela da população brasileira.

O mais difícil é estabelecer a conversa. O produto que será vendido é o de menos...

Eu continuo de olho neles. É aula de marketing ao ar livre.

## QUEM É MESMO O MAIOR BANCO DA AMÉRICA LATINA?

E o Nubank, hein? Virou o maior banco da América Latina, ultrapassando o Banco Itaú na sua estreia na Bolsa de Valores. Um feito e tanto!

O Nubank vale hoje cerca de 230 bilhões de reais. Isso sem nenhuma agência e pouco mais da metade dos clientes do Itaú, que vale só 213. E sem nunca ter fechado um ano no lucro. Declarou pela primeira vez meros 76 milhões positivos no último semestre, enquanto o tradicional banco tem resultados de bilhões de reais todos os anos.

Vendo por esse ângulo, cheguei à conclusão de que o Nubank é a Tesla dos bancos. Como você sabe, a montadora vale sozinha a soma das 13 maiores concorrentes. Isso fabricando pouco mais de um milhão de carros por ano, *versus* os mais de 25 milhões das outras. Muito parecido, não é? Menores, com muito menos estruturas, menos vendas, porém mais valiosas. Por quê?

Simplesmente porque o mercado aposta que elas são o futuro. E isso faz o valor nas bolsas disparar. Uma verdadeira aposta.

Importante observar a reação dos concorrentes. Quem tem estruturas seculares tem dificuldade em se reinventar. O que o Itaú e o Bradesco vão fazer com as filiais e os funcionários? Como mudar tudo de um dia para o outro?

De todo jeito é importante pensar rapidamente no futuro. Ou o risco é virar outra Blockbuster, locadora líder que desapareceu por não ter acreditado que a Netflix era uma ameaça de verdade...

## PRA QUE DOIS OUVIDOS SE A GENTE NÃO OUVE?

Quando foi que perdemos a capacidade de entender o que ouvimos? Que passamos a ouvir, mas não escutar? Estou perguntando em relação a serviço, mas creio que isso pode ser levado pra vida...

Ontem fui jantar com amigos. Restaurante chique e tudo! Na hora do pedido, uma de nós disse: sem ovo, por favor. Antes que o garçom saísse da mesa, reforçou o pedido mais duas vezes. O que aconteceu? O prato veio com ovo.

Hoje de manhã, fui com Bella numa cafeteria. Chique também, dessas de ter fila na porta. Pedimos suco e frutas, além de café e mistos quentes. No pedido, um reforço: trazer o café com o misto, para não ficar esfriando. A garçonete perguntou: "Frutas e suco antes do resto?". Fiquei maravilhado. Café das estrelas!

Lógico que veio tudo errado. Primeiro os mistos, muito depois os cafés e, quase no final, apareceram as frutas. A experiência, que era para ser boa, passou a ser ruim. A conta, de barata, ficou cara demais pela qualidade do serviço. A padaria da esquina faria igual, ou melhor!

Serviço é 100% experiência. Sei que sabe disso. Mas não basta saber, não é mesmo? A gente tem que ter a capacidade de entregar. Nos dois casos, os garçons ouviram, mas não tiveram a capacidade de fazer a empresa escutar. Culpa deles? Não sei.

Como sempre, nada como o dono experimentar seu próprio produto, para saber das dores do cliente. Fiquei na dúvida se ouço ou escuto os meus. Vou me testar...

## OS PRÊMIOS DE GELO

Esperei passar o burburinho para comentar a respeito do prêmio Caboré. Esse tem sido o mais importante da publicidade brasileira, e ganhá-lo é um atestado de qualidade. Tenho orgulho de ter duas corujinhas pousadas na minha carreira. Uma como profissional de marketing, da época da Fiat, outra como anunciante, quando era o diretor da Nissan.

Existe uma excitação no momento do anúncio do ganhador que ou vai para a estratosfera, se você ganha, ou vira uma decepção, se é o preterido. Passei pelas duas reações, duas vezes cada.

Eis meu ponto neste post: o trabalho está lá, feito. Se foi bom o suficiente para te levar à indicação, deve ter sido melhor ainda para dar os resultados que sua empresa esperava. Ser premiado é um "plus a mais", como se diz. Então, por que a gente fica triste em perder?

Talvez porque somos vaidosos e queremos sempre ser vistos como ganhadores. Ou porque geramos uma expectativa grande em sermos reconhecidos. De todo modo, significa que somos humanos e que a opinião do outro é sempre muito importante.

Creio que o troféu deveria ser feito de gelo. Pois, do mesmo jeito que o vendedor comemora o bom resultado no final do mês, mas precisa voltar a se esforçar a partir do dia primeiro, o Caboré reflete o bom trabalho já feito. Ganhador ou perdedor, agora é hora de arregaçar as mangas e partir para a luta.

Prêmios são bons. Mas o prazer do trabalho bem-feito é melhor ainda.

## ADIVINHANDO O CAMPEÃO DA COPA DO BRASIL

Vou dar uma de Mãe Dináh, aquela vidente que acertava 10 em cada 10 previsões. Vou dizer quem vai ser o campeão da Copa do Brasil de hoje: a Brahma.

A cervejaria fez uma das mais divertidas ações deste ano. Não viu? Então assista ao vídeo deste post, acessando o QR Code. Nele, a empresa discute o "H da questão". Os times da final se chamam Atlético. Um com H, outro sem. Se o time mineiro ganhar, eles vão tirar o H do nome. Se o curitibano for o campeão, dobram a letra. Achei fantástico e muito fácil de se engajar na brincadeira.

Pra nós, do marketing, resta uma pergunta: quando a marca deixou de ser uma instituição inabalável e a gente passou a poder brincar com ela? Pra quem cresceu no final do século XX ouvindo que era preciso respeitá-la e quase colocá-la num altar, isso que a Brahma está fazendo é um pecado.

Mas estamos em 2021. E as redes sociais mudaram isso, graças a Deus. As marcas desceram do salto alto e passaram a conversar com o consumidor, de igual para igual. Claro que isso não significa perder os valores que as fazem únicas. Mas a vida delas ficou mais simples.

Amei o que a Ambev fez e vou torcer à noite pelos desdobramentos da ação. E, como torcedor, já aviso a eles o resultado do campeonato. A Brahma vai perder o H.

ESCANEIE E VEJA MAIS:

## METENDO OS PÉS PELAS MÃOS

De todos os momentos na carreira profissional, um dos mais difíceis é o momento da demissão, não importa de que lado da mesa você está. Seja o demitido ou quem vai demitir, as emoções do momento são fortes. E, por mais que se diga que existe um jeito certo de passar por isso, sempre causa mal-estar e crise em todos os envolvidos.

Por isso mesmo, gerou polêmica e viralizou o formato que o CEO da Bettercom, uma espécie de QuintoAndar americana, decidiu utilizar para comunicar a 900 empregados que eles seriam dispensados: por Zoom.

"Se você está assistindo a este vídeo, é um dos 900 azarados que serão demitidos."

Já pensou? Você é chamado para uma reunião por Zoom e ouve isso? Não tem forma mais insensível. Aliás, tem, sim. Uma certa universidade demitiu, no meio da pandemia, centenas de professores via e-mail. Aí é forçar muito a amizade, né não?

Vishal Garg, que além de CEO é o fundador, foi afastado da empresa menos de uma semana depois da desastrosa reunião de três minutos. Ou seja, virou o 901º demitido. Mas isso não resolve a questão...

Não importa qual o motivo da decisão, se por desempenho do funcionário, se por crise da empresa. Sempre precisamos lembrar que estamos lidando com pessoas. E, portanto, com emoções.

É bem provável que agora o CEO entenda os sentimentos que causou.

## A NOVA CRIATIVIDADE

Estava conversando com a Andressa Venturini Martins sobre como o marketing mudou nos últimos anos. Me falou algo muito interessante: como os amigos e ela percebem que o que aprenderam na universidade há menos de dez anos já ficou velho. E o causador dessa mudança tem um nome: internet.

Marketing e publicidade sempre foram temas meio nebulosos quando se falava de resultados. Existia até uma frase que dizia que "metade do dinheiro gasto em publicidade é desperdiçado. Só não sei qual a metade". Isso virou passado com Google e redes sociais, que nos permitem medir tudo. Entramos na era do marketing de performance. Anunciou, não vendeu? Tira do ar.

E é aí que a porca torce o rabo... Falei pra ela que o que tornava a publicidade grandiosa, a criatividade, vai voltar com força nos próximos anos. Os grandes comerciais, as sacadas criativas que prendiam a atenção das pessoas vão ser o futuro da comunicação de novo. Mas por quê?

Porque o que faz hoje o marketing de performance dominar é que poucos profissionais sabem como fazê-lo. Então, esses conseguem resultados incríveis. Com isso, ficou mais importante o que se comunica do que como se conta a estória. Só que é crescente o número de pessoas que aprendem as técnicas. E todas as empresas passam a se igualar. Não existe mais diferencial.

Para desempatar, só chamando a atenção dos consumidores novamente. O anunciante precisa estar no lugar certo na hora certa. Isso a performance faz. Mas precisa ser mais convincente que o concorrente. O pêndulo vai voltar para a criatividade.

Bem-vinda, Criatividade 2.0.

## REPETE, REPETE, REPETE E NÃO APRENDE

Imagine repetir um mesmo serviço 119 milhões de vezes por ano. Era para ser erro zero, não é mesmo? Com esse número de repetições, a tendência em pouco tempo seria mapear as falhas mais comuns e consertá-las. Não é o que acontece com a aviação, que, no Brasil, vendeu esse número enorme de passagens em 2019.

Passei horas tentando fazer meu check-in, para um voo que sairia às 6h da manhã. Tudo funcionava bem no site da companhia, só não gerava o comprovante. Até recebi mensagem por whats falando "Você não terá que fazer check-in". Como diria o Homem-Aranha, meu sentido aranha dizia que tudo daria errado. E deu.

Cheguei no aeroporto e fui para o balcão. Filas intermináveis. Resolvi fazer o check-in no autoatendimento. Minha reserva não apareceu. A atendente, que fica ajudando, falou:

— Vá para a loja de vendas...

Entro e uma vendedora, com cara de mau humor às 5 da manhã, me diz:

— Check-in é no autoatendimento...

Subo a voz. Parece ser a única coisa que faz as pessoas se moverem nas empresas aéreas. Ela resolve me ajudar.

— O voo já fechou, senhor...

Adianta falar que tem quase uma hora que sou empurrado de um lado para o outro? Não!!!!

Saio com check-in feito para um voo às 21h, sono pela noite mal-dormida e uma ida e vinda desnecessária ao aeroporto.

Mesmo com a queda de vendas em 2021, as aéreas atendem milhões de vezes. E continuam falhando. Algo de muito errado existe num serviço que se repete tanto e continua ruim. Pense se sua empresa tivesse o mesmo nível de problemas... Onde já estaria?

Continuo aguardando ansiosamente o teletransporte...

## COLEGAS DE AEROPORTO

Encontrei ontem, juntos, Lula e Sergio Moro. Um ao lado do outro, na livraria do aeroporto. Os dois com caras sérias, como seria de se esperar de um político. Não tive dúvidas. Fiz uma foto e postei nas redes sociais perguntando: Um Lula vale 50% mais do que um Moro?

Deixe-me explicar. Não estou falando de política e sim de livros. Fernando Morais escreveu 416 páginas do volume 1 da biografia do ex-presidente. Moro foi mais contido: 288 páginas somente. Talvez porque seja mais jovem. De todo modo, a Leitura de Congonhas cobra R$ 74,90 pelo político e R$ 49,90 pelo ex-magistrado. Em preço por página, até que faz sentido.

Fiquei curioso e fui ver na Amazon. Lá, o Lula tem desconto e saía, ontem à noite, por R$ 54,90. Hoje já subiu pra R$ 63,00. Ou seja, ele é mais barato nos finais de semana. Moro está prestigiado na empresa americana. Nem um centavo de desconto.

Continuei pesquisando. No Magazine Luiza, Moro está em liquidação: R$ 33,90. Lula, R$ 63,00. Aliás, os dois têm desconto para tudo quanto é lado. Resultado das altas tiragens que tiveram. Será que as vendas estão correspondendo às expectativas?

Na enquete, uma surpresa. No Facebook, Lula não vale mais que Moro para 68% das pessoas. No Instagram, Moro perde. Cinquenta e três por cento acham o livro do presidente mais valioso.

Enquanto isso, por menos de R$ 40,00 você compra um Bolsonaro. Talvez porque não seja mais novidade...

## O MELHOR COMERCIAL DO BRASIL

Amo datas. Principalmente ver como um mesmo tema se comporta em diferentes concorrentes. E o Natal é mais do que uma data. Ele revela o que as empresas pensam, pois são momentos em que os profissionais querem passar uma mensagem para a população, e não somente para seus consumidores.

Fiquei impressionado com o que os principais bancos brasileiros apresentaram. Itaú e Bradesco fizeram campanhas que remetem a mensagens anteriores e falam do futuro.

O Itaú trouxe novamente Fernanda Montenegro e a bebê Alice, que já é quase uma adulta. Uma recém-nascida ensinando valores a uma anciã. E falando de mudança.

O Bradesco voltou com os vaga-lumes e uma criança pregando que o brilho das telas de computadores e celulares deveria ser trocado pelo brilho interno que cada pessoa tem, independentemente de quem seja.

Não gostaria de dar minha posição, mas é impossível, por serem tão diferentes. Digo que o placar está 1 x 0 para o Itaú. Simples e fácil de entender. O Bradesco tem também uma boa mensagem, mas complexa, se comparada à do concorrente.

De toda forma, ótimo que os dois bancos estejam brigando através da propaganda. Ganhamos todos nós.

E você? De qual gostou? Clique nos links abaixo, veja os dois comerciais e deixe sua opinião.

ITAÚ: | BRADESCO:

## NÃO CONTÉM SPOILERS

Ainda estou me sentindo meio perdido com meus sentimentos após assistir *Não olhe para cima*. Nada como ver um filme sobre o fim do mundo no fim do ano.

Se você ainda não assistiu, vou repetir a frase de um amigo: tem certos livros e filmes que a gente precisa dar um tempo maior pra começar a gostar.

*Não olhe para cima* é meio chato às vezes e me pareceu feito às pressas. Tem cara de Netflix mesmo: muito artista famoso numa produção que daria pra ser melhor.

Mas você termina a estória com uma sensação ruim. O que é bom, pois te faz pensar.

A ideia é batida e simples: um imenso cometa vem em direção à Terra. Vai colidir e acabar com toda a raça humana. Os países precisam se unir para evitar a tragédia. Só que é um filme pós-redes sociais. E é aí que fica interessante.

O cometa existe, não é? Dá até pra ver nos céus. Mas as pessoas começam a discutir se é verdade ou fake news. Dá nos nervos como o tema é tratado nos programas de TV. O fim do mundo é só mais um tema, que nem tem audiência... E o cientista que descobre o cometa se transforma numa celebridade. E aí já viu, né? Esquece até o perigo, pois a vaidade fala mais alto.

O fim é surpreendente. Esperava tudo, menos isso do cinema estadunidense. Só não vou contar, pra não acabar com a surpresa.

Vale, muito, assistir. Veja e me diga o que achou.

## RITUALISTAS

Somos ritualistas. A gente aprende, desde pequeno, que existe uma coisa chamada ano. E que, um dia, ele acaba e é substituído por outro, novo. Isso nos enche de esperança.

Quando eu era pequeno, ali pelos 7 anos, havia uma placa de propaganda enoooorme, de neon, no prédio ao lado da casa da minha avó. Era da Philips. Ficava olhando, fascinado, para aquelas letras azuis piscando à noite.

Sempre, no dia 31 de dezembro, todos da família íamos lá, juntos, passar a virada, e eu ficava ouvindo os adultos falarem da famosa passagem do ano. Para mim, aquilo era um acontecimento físico. Tinha realmente algo que deveria acontecer.

Quando começava a contagem regressiva, corria para fora da casa e olhava para o céu. Alguma coisa ia passar. Lá dentro, de repente, todos começavam a se abraçar e a se beijar, desejando Feliz Ano-Novo. Aquilo me frustrava. Achava que o pisca-pisca da placa havia me atrapalhado de ver o ano passando.

Agora que tiraram a placa do prédio, já descobri que isso é somente um rito, pra renovar nossas energias. E é isso que desejo a você, que tem me acompanhado nesses textos diários. Saúde e paz, porque o resto a gente corre atrás.

P.S.: Este é meu último post. Como vou ganhar a Mega-Sena da Virada, a partir de amanhã vou aproveitar e tratar de conhecer o mundo! Obrigado pela sua paciência...

# ÍNDICE REMISSIVO

99  80, 125, 130-1, 143

## A

Adidas  44, 120
Alpargatas  81
Alphabeth  148
Amazon  36, 40-1, 53, 66, 71, 78, 102, 138, 140-1, 154, 159, 176, 184
Ambev  30, 118-9, 146, 180
Americanas  93
American On Line (AOL)  71
Android  105, 157
Antarctica  34
Apple  18, 36, 71, 79, 104-5, 131, 149
Apple+  144
Apple TV  99, 157
Aptera  39
AstraZeneca  96
Audi  60
Authentic Brands  120
Avon  79

## B

B3  162, 166-7
Banco Central  128
Band  109
Bayer  55
BeepBeep  18
Bettercom  181

Beyond Zero  74
BIG, supermercado  49, 77
Bis  79
Blockbuster  178
BMW  37
Bob's  32-3, 108-9
Bombril  116
Bosch  85
Bradesco  52, 56, 77, 178, 184-5
Brahma  119, 180
Burger King (BK)  37, 46

## C

Cadbury  16
Caixa  17, 124
Carrefour  44-5, 49-50, 77, 87
Cartoon Network  99
Casa e Construção  112
Casas Bahia  54, 56
Certisign  19
Caoa Chery  18, 128-9
Chevrolet  26, 84, 128 (ver também General Motors)
Citroën  59-60, 108, 174
Coca-Cola  64, 85, 90-1, 152, 156
Colgate  27, 139
Correios  92

Crystal  64
Cyrela  80

## D

Diageo  155
Dove  65
Drogaria Araujo  161
Duracell  48

## E

Engie  171
Extrafarma  77-8

## F

Facebook  47, 55, 100, 131, 139, 148, 151, 172, 176, 184
Fanta  34, 108
Farm  87
Fiat  11, 18, 37, 49, 72, 85, 107-8, 111, 117, 128-9, 179
Ford  16, 159
Foxconn  151
Friboi  98
Froneri  15

## G

Galeão Seguros  70
General Motors (GM)  37-8, 84, 128, 149, 159, 161
GfK  170
Globalstar  76

Globo 49, 65, 72-3, 79, 99, 102, 109

Globoplay 72

Goodyear 85

Google 18, 60-1, 70-1, 78, 122, 148, 182

GoPro 132

GPA 50

## H

Häagen-Dazs 15

Havaianas 81

HBO Max 99, 157

Heineken 91, 133

Hellmann's 142

Hering 81

Hertz 154, 155

Hyundai 16, 28, 35, 56, 85, 112

## I

iFood 80

iFood Mercado 93

iMessage 139

Instagram 64, 72, 100, 109, 139, 148, 151, 184

Ipiranga 78

Iridium 76

Itaú 12, 57, 77, 177-8, 184-5

## J

Janssen 96

JBS 98

Johnnie Walker 155

Jontex 119

## K

Kia 37

Kibon 16

Kindle 154

KitKat 15, 142

Kuat 34

## L

Lacta 15-6

Leite Moça 93, 135

Leitura, livraria 184

LG 104

Limpol 116

Localiza 50

## M

Magazine Luiza (Magalu) 55-6, 93, 176-7, 184

Mastercard 136

McDonald's 26, 46, 124, 161

Meet 123

Mercado Livre 92, 156

Mercedes-Benz 27-8

Meta 172

Michelob Ultra 146

Microsoft 71, 105

Milka 16

Minecraft 46

Minerva 115

Mondelez 16

Mondial 98

Motorola 76

MRV 80

Multicoisas 91

## N

Natura 55

Nescau 69, 145

Nestlé 15-6, 69, 93-4, 135, 142, 145, 161

NET 62

Netflix 61-2, 129, 155, 157-8, 178, 185

Nike 44, 120

Nissan 12, 39, 45, 54, 74, 111, 128, 172, 179

Nubank 36, 76-7, 80, 177

## O

ODD 115, 116

Omo 55, 152

Orniex 116

Osram 112

Outback 161

## P

PagueMenos 77, 78

Pão de Açúcar 50

Pearl Milling Company 29

Pedal Power 17

PepsiCo 29, 85

Peugeot 37-8, 108, 129, 174-5

Pfizer 96

Philips 112, 186

Pirelli 85

Porto Seguro 118

Procter & Gamble (P&G) 116

## Q

QuintoAndar 80, 181

## R

Raizen 171

Ray-Ban 131

Rayovac 48

Reebok 119-20

Renault 16, 18, 25-6, 60, 108

Rivian 159, 160, 161

## S

Sadia 142

Samsung 104-5, 149

Santander 79

SBT 11, 49, 72

Sedex 92

Shell 150

Sony 132

SpaceX 76

Specialized S-Works Full 16

Spotify 175-6

Starbucks 160

Starlink 76

Stellantis 37, 174

## T

Tang 16

Teams 123

Telegram 139

Tesla 39, 54, 62, 74, 154-5, 159-61, 171, 177

The Sims 4 46

TikTok 66, 100

TimeWarner 71

Toyota 54, 74, 85, 149

Twitter 94, 142, 159

## U

Uber 31, 83, 125-6, 130-1, 144, 155

Ultragaz 78

Ultrapar 78

Unilever 43, 65, 116, 142, 152

US Top 81

## V

Vigor 79

Volvo 70

Volkswagen (VW) 25, 37, 53, 72, 107, 111, 149

## W

Walmart 49

WhatsApp 82, 101, 139-40, 148, 153

Whoole Foods 78

## X

Xiaomi 104-5, 149

XP 83

## Y

Yahoo 71

Yamamura Lar Center 112

YouTube 47, 66, 98-9, 111

Ypê 116

## Z

Zé Delivery 30

Zoom 97, 101, 123, 181

## AGRADECIMENTOS

Agradecer é sempre uma atitude difícil. Por mais que você tente, alguém sempre irá ficar de fora.

Lógico que os primeiros devem ser meus pais, José Rezende e Maria Hely, que com minha tia Maria das Graças, me incentivaram a ser um eterno curioso. Sempre tive todos os livros e revistas que quis, por mais que isso significasse um sacrifício para eles. E isso moldou a minha alma.

Ao meu professor Renato de Pinho, que me tirou da publicidade e me jogou no marketing. E ao meu mestre eterno Carlos Prósperi Neto, que me ensinou a ver o que não pode ser visto.

À Cris, que foi embora cedo da minha vida, mas que me incentivou a buscar novos amores.

Aos amigos Daniel Kelemen e Roberto Faberge, que me estenderam a mão no meu momento mais sofrido, e que me trouxeram de volta ao jogo.

Aos alunos, que me ensinam diariamente o que vai ser o marketing e a publicidade daqui em diante.

Ao Fernando Degrossi, que me presenteou com a capa deste livro.

E a todos meus leitores diários, que moldam meu jeito de escrever.

Esta obra foi composta em Utopia Std 11,6 pt e impressa em
papel Pólen bold 70 g/m² pela gráfica Paym.